ÜBER SILVER ...

»Die beste Möglichkeit, als Magierin akzeptiert zu werden, besteht darin, anderen Menschen die Möglichkeit zu geben, dich kennen zu lernen«, erklärt Silver. »Wenn die Menschen erst einmal deine persönlichen Wertbegriffe und Prinzipien verstehen, werden sie deinen religiösen Vorstellungen gegenüber positiver eingestellt sein. Gib ihnen die Chance, dich durch das, was du tust, kennen zu lernen.«

Silver RavenWolf ist eine typische Jungfrau, die es liebt, Listen aufzustellen und Dinge in der richtigen Anordnung zu arrangieren. Sie ist Mutter von vier Kindern und hat im Jahr 2000 ihren zwanzigsten Hochzeitstag gefeiert.

Auf ihren vielen Reisen durch die USA hält Silver Seminare und Vorträge über magische Religionen und Praktiken. Sie wurde für die *New York Times* und die Zeitschrift *U.S. News & World Report* interviewt. Vermutlich hat Silver in den letzten fünf Jahren mehr als 25 000 Magier und Magierinnen persönlich kennen gelernt.

Silver ist Klan-Oberhaupt der Black-Forest-Familie, zu der fünfzehn Hexenzirkel in elf amerikanischen Bundesstaaten gehören.

Wenn du Kontakt mit ihr aufnehmen möchtest, wende dich an:

Silver RavenWolf
c/o Llewellyn Worldwide
P.O. Box 64383, Dept. K729-3
St. Paul, MN 55164-0383
USA
Oder besuche ihre Webseite unter
http://www.silverravenwolf.com

Silver RavenWolf

Schutzzauber

für Neue Hexen

Aus dem Amerikanischen
von Angelika Hansen

WILHELM HEYNE VERLAG
MÜNCHEN

HEYNE ESOTERISCHES WISSEN

Herausgegeben von Michael Görden
13/9940

*Dieses Buch ist den Mitgliedern unserer Polizeikräfte
und allem Notfallpersonal gewidmet,
Heiden wie Nicht-Heiden.*

Die Originalausgabe erschien 2000 unter dem Titel
SILVER'S SPELLS FOR PROTECTION
im Verlag Llewellyn Publications, St. Paul, Minnesota, USA

Umwelthinweis:
Dieses Buch wurde auf
chlor- und säurefreiem Papier gedruckt.

Deutsche Erstausgabe 07/2003
Copyright © 2000 by Silver RavenWolf
Copyright © 2003 für die deutschsprachige Ausgabe
by Ullstein Heyne List GmbH & Co. KG, München
Der Wilhelm Heyne Verlag ist ein Unternehmen
der Ullstein Heyne List GmbH & Co. KG
www.heyne.de
Printed in Germany 2003
Umschlaggestaltung: FranklDesign, München
Umschlagillustration: Katlyn Breene/Mermade Magickal Arts
Satz: Fotosatz Völkl, Türkenfeld
Druck und Bindung: Ebner & Spiegel, Ulm

ISBN 3-453-86878-1

Inhalt

Sei kein Opfer ... Sei ein Sieger!

Du bestimmst über dein Leben. Lass nicht zu, dass klatschende Kollegen, aufdringliche Nachbarn oder beleidigende Individuen dir die Energie nehmen und das Selbstwertgefühl rauben.

Lerne einen spirituellen Aktionsplan zu entwickeln, um deine Selbstachtung zu steigern und negative Energie abzuwehren. Die Zaubersprüche in diesem Buch umfassen sowohl praktische Ratschläge für deine Sicherheit als auch Kräuter-, Astrologie- und Farbentsprechungen, um deine Magie zu stärken.

Dein Leben muss nicht voller Stress und Angst sein. Hol dir deine innere Kraft zurück und schütze dich selbst!

1

Gebrauchsanweisung

Bei jeder Zeile und jedem Spruch,
sei dir immer ganz klar bewusst:
Es sind nicht die Worte und Sprüche und Weisen,
Es sind nicht die Werkzeuge, deren du dich bedienst;
Diese Dinge sind lediglich dazu da,
den Plan zu verwirklichen,
doch alle Macht liegt in deiner Hand.
Worte und Taten spielen zwar eine Rolle,
Doch die wahre Magie lebt allein in deinem Herzen!

DAVID NORRIS, © 1998

Wir leben, ob wir es wollen oder nicht, in einer aggressiven Gesellschaft. Vielleicht bewegen wir uns monatelang (oder gar jahrelang) durch die Welt, ohne einer ernsten Krise zu begegnen. Doch können wir ihr nicht für immer aus dem Weg gehen. Der Tag wird kommen, an dem sich die aggressive Natur der Menschheit in irgendeinem Bereich unseres Lebens zeigt und uns herausfordert. Für Menschen, die relativ friedlich veranlagt sind, kann das ein solcher Schock sein, dass es kostbare Zeit braucht, bis sie ihre Gedanken und Fähigkeiten ausreichend gesammelt haben, um dieser Herausforderung entgegenzutreten. Einige dieser Herausforderungen müssen sein – sie helfen uns, zu wachsen und überholte Verhaltensweisen abzuwerfen, die unseren Bedürfnissen nicht länger entsprechen. Sie zwingen uns, eine negative Situation zu verlassen und uns in eine spirituellere Richtung zu begeben, oder sie helfen uns, die Ziele oder Aufgaben dieses Lebens zu erreichen. Andere Herausforderungen und Schwierigkeiten sollten wir absolut vermeiden; dies ist der Bereich, in dem die Magie des vorbeugenden Schutzes ins Spiel kommt. Diese Schwierigkeiten sind nicht für uns gedacht. Die Lektionen der Vorbeugung und Vermeidung zeigen uns, wie wir einen Weg finden können, solche Konflikte zu umgehen.

Ein geschütztes Leben führen

Der erste Schritt auf dem Weg zu einer geschützten Existenz besteht darin, dass du auf deinem Recht bestehst, die Kontrolle über dein eigenes Leben zu übernehmen. Ganz richtig. Du bist jetzt kein Opfer mehr, du gehörst zu den Siegern! Schutzmagie hat mit deiner Geisteshaltung und deinem gesunden Menschenverstand zu tun, was bedeutet, dass du nicht um drei Uhr morgens in eine Bar gehst, um dich zu betrinken, und dann im gefährlichsten Teil der Stadt schwankenden Schrittes die Straße entlanggehst und dabei ein Schutzamulett wie die Steinschleuder eines Kriegers über deinem Kopf schwingst. Falls du dich so verhalten solltest, forderst du Probleme regelrecht heraus – und es ist nicht ausgeschlossen, dass das Universum dieser Aufforderung freundlicherweise nachkommt.

Der Zweck dieses Buches

Dieses Buch hat die Absicht, dir zu zeigen, wie du dafür sorgen kannst, dass schlimme Dinge gar nicht erst passieren, und wie du dich selbst schützen kannst, solltest du dich in einer Situation wiederfinden, die unangenehm oder gefährlich für dich ist. Damit will ich nicht sagen, dass dir nie unangenehme Ereignisse widerfahren werden; das wäre töricht. Was ich dir klarzumachen versuche, ist die Tatsache, dass es Möglichkeiten gibt, wie du dich selbst sowohl physisch als auch geistig schützen kannst. Du kannst lernen, willkürliche Akte von Chaos zu vermeiden, und dich darauf vorbereiten – solltest du in eine schwierige Situation geraten –, mit den Herausforderungen besser umzugehen, die dir dann eventuell ins Auge starren. Falls du die Techniken in diesem Buch anwendest, hast du eine bessere Chance, ein Leben in Harmonie zu führen. Diese Techniken sollten dich jedoch nicht dazu verführen, keine professionelle Hilfe einzuholen, ob es nun darum geht, die Polizei zu alarmieren, einen Berater beziehungsweise Psychologen zu kontaktieren oder medizinische Hilfe in Anspruch zu nehmen.

Harmonie

Auch wenn die Diskussion über Harmonie in jedem Bereich von Magie wichtig ist, kommt ihr hier doch ganz besondere Wichtigkeit zu. Alle magischen Arbeiten und Rituale erzeugen Energie, um Harmonie herzustellen. Je mehr dein Leben aus dem Gleichgewicht ist, desto mehr müssen die Dinge geschoben und gezogen werden, um dich wieder in einen ausgewogenen Zustand zu bringen. Was heißt das auf gut Deutsch? Nun, manchmal hat es den Anschein, als ob die Dinge schlimmer werden, bevor sie besser werden.

Wenn Situationen wirklich schlimm sind, zögern manche Menschen damit, Schutzmagie anzuwenden, weil sie glauben, dass sie sich so tief in den Schlamassel hineingeritten haben, dass *nichts* sie wieder rausholen kann. Andere wiederum fürchten sich vor Veränderung und denken, dass die Entscheidung, mit der Schwierigkeit irgendwie umzugehen, wesentlich besser ist als eine neue Lebensweise. Wenn du Magie praktizierst, um die Negativität anderer Menschen oder des Umfeldes zu bannen oder einen positiven Lebensstil anzuziehen,

dann stimulierst du auf diese Weise die Energien des Universums in dem Bemühen, Harmonie zu erzeugen, und dabei ist Veränderung – zuweilen radikaler Natur – unvermeidlich.

Energien manifestieren und bannen

Ich habe bereits an früherer Stelle erwähnt, dass Magie deine Bemühungen repräsentiert, universale Energien entweder zu bannen oder anzuziehen. Negative Energien werden gebannt. Positive Energien zieht man zu sich heran. Daher arbeiten magisch Praktizierende mit zwei Arten von Magie: der manifestierenden und der bannenden. Etwas zu manifestieren bedeutet, dafür zu sorgen, dass etwas geschieht. Etwas zu bannen bedeutet, dafür zu sorgen, dass etwas sich entfernt oder fern bleibt.

Korrespondenzen

Die meisten magischen Techniken arbeiten mit Entsprechungen oder so genannten Korrespondenzen. Das sind Gegenstände oder Energien, die sich auf das jeweilige Thema beziehen. In diesem Buch geht es um das Thema Schutz. Im Verlauf des Textes nenne ich für jeden Zauberspruch verschiedene Entsprechungen. Außerdem findest du im Anhang ein paar Listen, die dir beim Ersetzen bestimmter Zutaten oder beim Erstellen deiner eigenen Zaubersprüche helfen können.

Die aufgeführten Entsprechungen umfassen Planetenstunden, Gottheiten, Kräuter, Öle, astrologische Details, Mondphasen, Farben und Elemente. Es ist nicht notwendig, alle Entsprechungen zu benutzen, die aufgelistet sind. Wenn du nichts mit Astrologie am Hut hast, dann benutze sie einfach nicht. Wenn dir der Umgang mit Pflanzenenergie nicht zu-

sagt, dann fühl dich so frei, dir eine andere Zutat einfallen zu lassen. Alles lässt sich irgendwie ersetzen. Ich habe einfach nur versucht, dir eine große Auswahl von Alternativen zu geben, die mir persönlich immer sehr dienlich waren.

Der Zeitfaktor und das richtige Timing

Die tatsächliche Durchführung einer magischen Technik kann nur dreißig Sekunden dauern oder eine ganze Stunde beanspruchen. Während ich zum Beispiel mit Pökelsalz in meinem Haus herumgehen und in weniger als fünf Minuten eine schützende Barriere  gegen Negativität für meine Familie aufbauen kann, braucht es wesentlich länger, um für eine Freundin, die gerade in einer hässlichen Scheidung steckt, ein magisches Ritual durchzuführen. Die Dauer sichert aber nicht automatisch den Erfolg der Technik. Wenn dir bei der Magie ein bestimmter Zauberspruch beim ersten Mal nichts bringt, dann ist das kein Grund für Herzversagen. Die Schwierigkeit der Prozedur ist weniger wichtig als die Finesse des Verfahrens. Es liegt am Grad deiner Fertigkeiten, ob die Technik in die Kategorie Anfänger oder Fortgeschrittene fällt.

Viele Hexen richten sich beim Zaubern nach den Mondphasen. Es gibt zwar insgesamt acht verschiedene Mondphasen, aber wir arbeiten hauptsächlich mit folgenden fünf Phasen:

Neumond – Neubeginn
Vollmond – Macht
Dunkelmond – Bannen
Zunehmender Mond – Aufbauen
Abnehmender Mond – Überarbeiten oder wieder aufbauen

Wie lange wird es nun dauern, bis sich dein Zauber manifestiert? Wie lange musst du warten, bis etwas passiert? Du wirst so lange warten müssen, wie es nötig ist. Mach nicht so ein langes Gesicht! Hier sind ein paar Richtlinien zum Thema Zeit:

- Magie folgt immer dem Weg des geringsten Widerstandes. Solange du also keinen besonderen Grund hast, den Zauber in eine bestimmte Richtung zu lenken, lass ihn einfach laufen. Je mehr Hindernisse du der Manifestation in den Weg legst, desto länger wird es dauern, bis die Dinge sich erfüllen. Das soll aber nicht heißen, dass deine Bitten ungenau und nachlässig formuliert sein dürfen.
- Kleine Ziele manifestieren sich normalerweise (aber nicht immer) schneller als große. Zum Beispiel ist das Ausstreuen von Salz rund um ein Grundstück sofort wirksam, während die Arbeit an einem Gerichtsfall Wochen, sogar Monate dauern kann. In der Regel manifestieren sich kleine Ziele in einem Zeitraum von vierundzwanzig Stunden bis dreißig Tagen (oder innerhalb eines vollen Mondzyklus). Wenn sich ein kleines Ziel in dreißig Tagen nicht manifestiert hat, solltest du noch einmal daran arbeiten. Hexen nennen diese Technik »Von Mond zu Mond«, da der Zyklus von einem Vollmond bis zum nächsten (oder von einem Neumond bis zum nächsten) ungefähr achtundzwanzig Tage umfasst.
- Größere Ziele erfordern ein langsames Aufbauen der magischen Techniken. Unter Umständen ist es notwendig, jede Woche mit unterschiedlichen magischen Methoden zu arbeiten, um das Gesamtziel zu erreichen.
- Magie für Situationen und Ereignisse, die viele Menschen involvieren, braucht in der Regel mehr Zeit als eine Sache, die nur ein oder zwei Spieler umfasst. Jeder an der Situation beteiligte Mensch hat normalerweise seine eigene Agenda (versteckt oder offen), die unter Umständen deinem angestreb-

ten Resultat entgegenwirkt. Du musst dich einmal hinsetzen und genau bestimmen, wer die Protagonisten in einer gegebenen Situation sind und wer die unsichtbaren Spieler. Es gibt immer irgendwo jemanden, der sich nicht offen zeigt und doch dazu beiträgt, die Negativität zu erzeugen.

- Situationen mit zwei oder drei Ebenen müssen aufgeteilt und unabhängig voneinander bearbeitet werden. Erst danach sollte man ein Ritual für das Gesamtresultat durchführen. Nehmen wir an, deine Tochter wurde von der Schule suspendiert, 1. aufgrund der Lüge eines Mitschülers und 2. aufgrund der Tatsache, dass die entsprechenden Autoritätspersonen die Wahrheit nicht hören wollen. Hier gibt es zwei Ebenen, nicht nur eine, selbst wenn das Ereignis in einer einzigen abschließenden Aktion kulminierte, und unter Umständen gelingt es dir, einen Aspekt der Situation schneller als den anderen zu lösen. In unserem Beispiel könnte es vielleicht dreißig Tage dauern, bis der lügende Schüler bloßgestellt wird, jedoch sechzig oder neunzig Tage, bis du dich durch das »System« hindurchgearbeitet und gewonnen hast. Oder aber du musst zuerst die Autoritäten überzeugen, bevor der flunkernde Schüler von seinem Karma eingeholt und gezwungen wird, vorzutreten und endlich die Wahrheit zu sagen.
- Die alten Lehrer pflegten immer zu sagen: »Sprich deinen Zauberspruch, und dann vergiss ihn.« Damit meinten sie, dass man sich nicht um ihn sorgen soll. Lässt du negative Gedanken in deine magische Arbeit einfließen, werden diese deine Absicht zunichte machen. Wenn du dir über die Manifestation deines Zaubers Sorgen machst, legst du ihr damit nur Blockaden in den Weg.

Vergiss nicht, dass deine Aufrichtigkeit und deine Bedürfnisse beim Zaubern immer von ausschlaggebender Bedeutung sind. Wenn heute Mittwoch ist und der Zauber eigentlich an einem

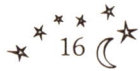

Samstag durchgeführt werden sollte, du jedoch den Zauber unbedingt heute brauchst, dann führe ihn einfach aus. Und falls der Zauber eine Zutat voraussetzt, die du gerade nicht vorrätig hast, dann nimm einfach etwas anderes als Ersatz.

Einen spirituellen Plan entwerfen

Ein Problem oder Ziel mit Magie zu bombardieren ist nicht immer die beste Lösung für alle unsere Schwierigkeiten. Wirkliche Magier bedenken alle Details genau, bevor sie sich für eine magische Technik oder einen Zauber entscheiden. Du musst einen vollständigen Aktionsplan ausarbeiten, bei dem die Magie nur einen Teil darstellt. Man kann zwar in ein paar Minuten einen Zauber wirken oder ein Gebet sprechen, doch ohne einen umfassenden spirituellen Plan ist das nicht viel besser, als Schneeflocken auf ein Lagerfeuer zu werfen. Ein vollständiger spiritueller Plan umfasst:

- Logisches Nachdenken über das Ziel oder die Situation.
- Die Überlegung, wie sich deine Handlungen – die magischen wie auch die alltäglichen – auf das Ziel, die Situation oder andere Menschen auswirken.
- Das Aufbauen positiver Energien in deiner Umgebung.
- Die Umprogrammierung deines Verstandes, sodass er deinen Erfolg durch Gedanken, Worte und Taten akzeptiert.
- Die Einbindung des Geistes in alles, was du tust.
- Eine Auflistung der magischen und alltäglichen Handlungen, die erforderlich sind, damit du dein Ziel erreichen kannst.
- Eine Auflistung aller Mitspieler in dem Drama sowie der Rolle, die sie deiner Meinung nach in der betreffenden Situation spielen (oder auch nicht). Das ist besonders dann wichtig, wenn du es mit einem Problem zu tun hast, das Schutzmagie erfordert.

Ich weiß, all dies scheint ein wenig kompliziert für einen einfachen Zauberspruch, doch wenn du lernst, klug zu planen,
hast du wesentlich bessere Erfolgschancen. Viele der Zaubersprüche in diesem Buch lassen sich miteinander kombinieren,
sodass du mit ihnen einen spirituellen Gesamtplan entwickeln
kannst.

Selbstsegnungs-Ritual

Ich habe festgestellt, dass ein Selbstsegnungs-Ritual vor dem
Beginn jeder magischen Arbeit enorm hilft, dich auf die vor
dir liegende Aufgabe zu fokussieren. Du kannst dein eigenes
Selbstsegnungs-Ritual entwerfen oder das hier beschriebene
verwenden.

Anleitung: Nimm drei tiefe Atemzüge. Stell dir ein silbernes
Licht vor, das durch deinen Körper fließt. Dies ist die Energie
der Mondgöttin.

Nimm erneut drei tiefe Atemzüge. Stell dir ein goldenes
Licht vor, das durch deinen Körper fließt.

Dies ist die Energie des Sonnengottes. Nimm drei weitere
tiefe Atemzüge. Stell dir ein weißes Licht vor, das durch deinen Körper fließt. Dies ist die kombinierte Energie der universalen Lebenskraft oder universalen Liebe. Sprich dazu die
folgenden Worte:

> **Gesegnet seien meine Füße,**
> **die den Pfad des Mysteriums gehen.**
> **Gesegnet seien meine Knie,**
> **die am heiligen Altar knien.**
> **Gesegnet sei mein Herz,**
> **das aus Schönheit und Liebe besteht.**
> **Gesegnet sei mein Mund,**
> **der die heiligen Namen spricht.**

Öffne deine Arme weit, um Schutz und Liebe einzuladen.
Führe anschließend deine Hände langsam über dem Herz zusammen, um zu zeigen, dass du diese Geschenke angenom-
men hast. Dann bekräftige:

So sei es.

Sei ehrlich mit dir selbst

Bei Schutzmagie geht es meistens um Beziehungen zu unseren Mitmenschen, ob wir diese nun kennen oder nicht. Sei
immer vollkommen ehrlich mit dir selbst. Betrachte die Situation so fair wie möglich. Falls du auch nur den geringsten
Zweifel verspürst, frage einen Freund oder eine Freundin,
dem/der du vertraust. »Irre ich mich, wenn ich das Gefühl
habe, dass …?«, ist zum Beispiel eine Frage, die du in einem
solchen Fall stellen könntest. Achte darauf, dass du nicht für
irgendwelche negativen Handlungen gegenüber anderen oder
gegenüber dir selbst verantwortlich bist. Wenn du versuchst,
dich mit Magie aus einer Situation zu befreien, für die du selbst
verantwortlich bist, kann es sein, dass die Magie einfach nicht
funktioniert oder aber auf eine Weise funktioniert, die du nicht
erwartet hast. Vergiss nicht, Magie bringt alle Dinge ins
Gleichgewicht, und manche Situationen in unserem Leben
treten ein, weil es nötig ist, dass wir uns der Herausforderung
stellen, um ein besserer, stärkerer Mensch zu werden.

Negativität nähren – ist das sinnvoll?

Lerne über die dummen Spiele zu lachen, bei denen Menschen
absichtlich versuchen, dir das Leben schwer zu machen, weil sie
wenig Selbstachtung haben und daher jemanden brauchen, an
dem sie sich auslassen können – und du bist dafür so gut geeignet wie jeder andere. Oder vielleicht läuft dein Leben auch gerade besonders gut, was dazu führt, dass du so etwas wie eine
riesige Zielscheibe auf deinem Allerwertesten trägst. Lass dich
nicht von Kleinigkeiten ins Schwitzen bringen. Auch wenn Negativität in praktisch jeder Altersgruppe und in jedem Umfeld
auftreten kann, ist mir doch aufgefallen, dass man eher zum Ziel
der negativen Projektionen anderer Menschen wird, wenn:

- man mit vielen Menschen zu tun hat (zum Beispiel in einem
  Großraumbüro, in einer Schule, in der Politik oder bei religiösen Aktivitäten);
- man mitten im Gesellschaftsleben steht;
- man generell beliebt und großzügig ist;
- man attraktiv ist (innen und außen).

Man kann jedoch auch leicht zum Ziel von Negativität werden,
wenn man

- einen großen Mund hat;
- seine Nase in Angelegenheiten steckt, die einen nichts an-
  gehen;
- rechthaberisch ist;
- eine Opfermentalität besitzt.

Wenn man das Negative nährt, das einem entgegengebracht
wird, indem man es zu einer großen Angelegenheit hochstili-
siert oder aus einer Mücke einen Elefanten macht, kann das
dazu führen, dass die Situation nur noch schlimmer wird. Ich

sage meinen Kindern immer: »Wenn das einer Million Menschen in China egal ist, warum machst du dir dann Sorgen deswegen?« Manchmal lassen sich negative Umstände einfach dadurch auflösen, dass wir ganz rational darüber nachdenken, unser Verhalten anpassen und unser Leben einfach weiterführen. Falls wir uns zu sehr in dem Drama verlieren, erzeugen wir damit unter Umständen mehr Negativität, als die Situation ursprünglich hatte.

Warum Magie nicht immer funktioniert

Manchmal weiß der universelle Geist besser als wir, was richtig für uns ist. Ich habe meinen Schülern und meinen Kindern immer beigebracht, dass es kein Grund ist, das Selbstvertrauen zu verlieren, wenn ihre Magie einmal nicht funktioniert oder ihr spiritueller Plan versagt. Der Geist weiß, was wir brauchen und was nicht, und manchmal wird er sich einmischen und unsere magischen Aktivitäten mit quietschenden Bremsen zum Stillstand bringen, wenn wir es am wenigsten erwarten. Hin und wieder geschieht das, um uns zu beschützen, und hin und wieder auch, weil es größere Aufgaben, weitreichendere Ziele und wichtigere Aktivitäten gibt, mit denen wir uns beschäftigen sollten.

Ich habe meinen Kindern beigebracht, bei allen magischen Techniken den Geist darum zu bitten, »dass das Beste geschieht«. Auf diese Weise erlauben wir ihm, die Führung zu übernehmen und uns bei der Arbeit wie auch im Spiel optimal zu unterstützen.

Suche nicht nach schwarzer Magie

Darüber hinaus habe ich etwas gelernt, was sehr wichtig ist. Falls eigenartige oder unangenehme Dinge in deinem Umfeld passieren, halte nicht Ausschau nach schwarzer Magie, sondern erkenne darin die Aktivitäten des universellen Geistes. Das Universum versucht in diesen Fällen eindeutig, dir etwas zu sagen. Vielleicht befindest du dich nicht auf dem richtigen Weg und hast irgendwo eine falsche Abzweigung erwischt. Oder vielleicht sind deine Freunde nicht das, was du dir vorgestellt hast, und ihre Aktivitäten sorgen für Negativität in deinem Leben. Möglicherweise verschwendest du auch Zeit an etwas, das nichts mit deiner wahren Aufgabe zu tun hat und ihr sogar abträglich sein könnte. Zuweilen muss der Geist uns mit einem riesigen Besenstiel eins über die Rübe ziehen, damit wir ihm die nötige Aufmerksamkeit schenken. Sobald wir aufgewacht sind, können wir unsere Handlungen korrigieren und uns darauf konzentrieren, was das Beste für uns ist, anstatt uns an eine selbst erschaffene Illusion zu ketten.

Die dunkle Seite – Magier begeben sich nicht dorthin

Intelligente Magier und Magierinnen setzen ihre Magie nicht ein, um anderen zu schaden, da sie wissen, dass im Bösen keine wahre Macht liegt. Ich habe Menschen gesehen, die von der dunklen Seite fasziniert sind und glauben, dass Hexen, die Gutes tun, schwach seien und dass das Gute daher keine Gefahr für das Böse darstelle. Aber bitte – komm mir nicht damit! Denke noch einmal darüber nach. Magier wissen, dass die Welt sowohl Ordnung als auch Chaos beinhaltet und dass beide Kräfte im Universum zusammenarbeiten, um unsere Welt zu erzeugen, doch Chaos ist nicht gleichbedeutend mit dem Bösen, und echte Hexen lassen sich niemals auf das Böse ein.

Will ich damit sagen, dass du dich nicht wehren darfst, wenn jemand dich verletzt? Natürlich nicht. Doch es wird Zei-

ten in deinem Leben geben, wo du wirklich echt wütend bist über irgendeine Ungerechtigkeit. Böses zu praktizieren löscht nicht das Böse eines anderen Menschen aus. Stattdessen sollten wir lernen, dieses Böse zu bannen und mit dem Gesetz des Karma zu arbeiten, anstatt unseren eigenen Topf mit negativem Karma anzureichern.

Mit diesen allgemeinen Anleitungen in der Brusttasche ist es nun an der Zeit, deine magischen Muskeln spielen zu lassen und mit voller Kraft in die praktischen Schutzzauber einzutauchen!

2

Vorbeugende Magie
zum persönlichen Schutz

Wenn du Magie praktizierst, erzeugst du damit eine individuelle Melodie, die durch das ganze Unviersum schwingt. Schutzmagie errichtet energetische Barrieren zwischen dir und jeglicher Negativität (negativen Menschen, negativen Energien etc.), sie entfernt Dinge von dir oder zieht sie so zu dir heran, wie du es bestimmst.

Vorbeugende Schutzmagie bietet uns die folgenden Möglichkeiten:

- Sie stärkt unsere Selbstachtung.
- Sie erkennt und wendet Situationen ab, die wir vielleicht nicht bewusst wahrgenommen haben.
- Sie erfüllt uns mit einem Sinn für Verantwortung für unsere eigenen Handlungen und erinnert uns daran, dass wir ernten, was wir säen.
- Sie führt uns weg von der Opfermentalität.
- Sie gibt uns mehr Kontrolle über unser Umfeld.
- Sie macht uns produktiver, da wir uns besser auf Gedanken, Gefühle und Wünsche konzentrieren können, wenn einige unserer alltäglichen Ängste (wirkliche oder eingebildete) sich auflösen.
- Sie bringt uns in Berührung mit unserer persönlichen Vorstellung von Göttlichkeit.

Sendest du die falsche Botschaft?

Ob es nun um Liebe, Geld oder Erfolg geht, es gibt bestimmte Elemente in unserer Gesellschaft, die nach Opfern Ausschau halten. Diese schrecklichen Leute betrachten sich selbst als Raubtiere, und du (meine liebe, arglose Leserin) bist schon bei vielfältigen Gelegenheiten abgeschätzt worden, ob du dem Opferprofil entsprichst. Auch Serienmörder gehen schließlich in den Supermarkt und kaufen Lebensmittel ein. Die Art, wie du gehst, sprichst und mit anderen interagierst, gibt dem menschlichen Raubtier genug Informationen, um zu erkennen, ob du ein delikates Häppchen bist, das er sich schnappen kann, oder ein zäher alter Vogel, den zu rupfen sich nicht lohnen würde.

Die Zaubersprüche in diesem Kapitel fallen allesamt unter das Stichwort »Vorbeugende magische Praktiken« – jene Techniken, die man ausführt, bevor eine Herausforderung oder Krise eintritt. Außerdem habe ich diese Zauber in einzelne Themen unterteilt. Doch nur weil ich eine magische Technik zum Beispiel dem »Selbstschutz« zugeordnet habe, bedeutet das nicht, dass man sie nicht auch für ein »gesellschaftliches« Thema benutzen kann. Mische die Zaubersprüche, Rituale und Techniken so, wie es dir gefällt und wie es dem Ziel, das du anstrebst, am besten dient.

Zauberspruch für Klarheit

Hier ist ein Zauber, der dir hilft, zunächst einmal klar zu denken und später mit Klarheit zu sprechen.

Zwar wird Zucker (vor allem brauner Zucker) meist bei Mixturen für Liebe und Leidenschaft verwendet, doch er ist auch bei Schutzzaubern ganz besonders wirksam. Die meisten Magierinnen verwenden zwar Salz zum Schutz ihres Heims, doch könnte man ebensogut braunen Zucker dafür verwenden. Das

ist nur deshalb keine so gute Idee (zumindest innerhalb der Wohnung oder des Hauses), weil auch Ameisen und andere Krabbeltiere Zucker lieben.

Die Farbe Braun hat zwei hauptsächliche Assoziationen, obgleich es auch noch andere gibt – eine Anwendung hat mit der Sympathie zwischen zwei Parteien oder Themen zu tun. Zum anderen wird Braun für Schutz angewandt, und manche Magierinnen ziehen Braun vor, wenn ein Zauberspruch nach der Farbe Schwarz verlangt.

Benötigte Materialien: Brauner Zucker; eine Schüssel; eine braune Votivkerze; dein Name auf einem Stück Papier; ein braunes Band, ca. 30 Zentimeter lang; eine Locke deines Haares, die in das Band gewickelt oder daran festgeklebt wird.

Anleitung: Stell die Kerze in die Schüssel. Streue braunen Zucker darum herum auf den Boden der Schüssel (um süße Dinge in dein Leben zu bringen). Auf das Blatt Papier schreibe deinen Namen und die Worte »Weisheit« und »Macht«. Halte deine Hände über die noch nicht angezündete Kerze und sprich:

Heilige Mutter, verleihe mir Worte der Macht,
damit hinter meinen Worten immer
Gedanken von Sanftmut und Klarheit stehen.
Segne mich mit innerer Weisheit.

Zünde die Kerze an. Nimm einen tiefen Atemzug und sieh dich selbst glücklich und weise. Achte darauf, dieses Wohlgefühl voll zu empfinden. Sieh dich selbst, wie du voll Klarheit und Anmut sprichst. Knüpfe sieben Knoten in das Band und sage dabei:

Mit dem ersten Knoten hat dieser Zauber begonnen.
Mit dem zweiten Knoten wird mein Wunsch Wirklichkeit.
Mit dem dritten Knoten erfüllt mich Weisheit.
Mit dem vierten Knoten schwindet jede Angst in mir.
Mit dem fünften Knoten erwacht dieser Zauber zum Leben.
Mit dem sechsten Knoten beginnen meine Worte zu wirken.
Mit dem siebten Knoten wird mir Macht gegeben!
Und niemandem widerfährt dabei Schaden.
So sei es!

Schreite nun den Raum vom Rand her im Uhrzeigersinn kreisförmig ab (in einer spiralförmigen Bewegung), bis du die Mitte des Raumes erreicht hast. Halte das Band über deinen Kopf und rufe (mit lauter Stimme) deine Weisheit und Macht aus! Bitte um den Segen der Heiligen Mutter.

Anmerkung: Mit diesem spiralförmigen Abschreiten lässt sich jeder Zauber verstärken.

Lass die Kerze vollständig herunterbrennen. (Aber sorge dafür, dass das an einem sicheren Ort geschieht.) Vergrabe den braunen Zucker und den Rest der Kerze (falls etwas übrig ist) im Garten. Trage das Band immer bei dir. Immer wenn dich Nervosität überkommt, nimm es in die Hand und wiederhole in deinem Inneren: »Meine Worte haben große Weisheit und Macht.«

Das nächste Mal, wenn jemand dich verbal angreift oder

wenn du jemanden angreifen willst, stelle dir folgende Frage, bevor du sprichst: »Ist der Gott/die Göttin in meinem Inneren? Oder ist der Gott/die Göttin abwesend?« Und dann sprich – aus dem Herzen heraus.

Um den Zauber zu verstärken:

- Führe ihn an einem Sonntag aus.
- Führe ihn in der Stunde der Sonne durch (siehe Anhang Planetenstunden).
- Füge dem braunen Zucker Gold- oder Silberglitter bei, um strahlende Energien zu dir zu ziehen.
- Führe das Ritual bei Neumond oder Vollmond durch.
- Führe es an einem Mittwoch durch, um bessere Kommunikation zu bewirken.
- Bitte um die Unterstützung der Sylphen (Energien des östlichen Viertels).
- Führe das Ritual an einem Dienstag durch, falls jemand dich angreift (Mars-Energie).
- Führe das Ritual bei rückläufigem Mars durch (was alle zwei Jahre eintritt), um darüber nachzusinnen, was du in Zukunft gerne besser machen möchtest. Entwirf dabei einen Plan und führe ihn aus, sobald der Mars wieder direkt läuft.

Praktische Tipps

Mit jedem freundlichen Wort, das wir sagen, verstärken wir die positive Energie in unserem Umfeld und sorgen damit für mehr Schutz, Gesundheit und Erfolg für uns. Mit jedem bösen Wort, das wir äußern, verstärken wir die negative Energie in unserem Umfeld. Ein erschreckender Gedanke, nicht wahr? Es ist sehr wichtig, sich mit dem wohlzufühlen, wer und was wir sind, da unsere Worte und Taten der Welt um uns herum mitteilen, welche Gefühle wir uns selbst gegenüber hegen.

Schutz gegen Angriffe von außen

Kaffee enthält Koffein, das dir helfen kann, Negativität abzuwenden.

Benötigte Materialien: $1/2$ Tasse gemahlener Kaffee; $1/4$ Pfund Butter; die Namen derjenigen, die sich dir entgegenstellen, auf ein kleines Stück Papier geschrieben; ein Kaffeefilter; eine kleine Schüssel.

Anleitung: Lege den Kaffeefilter in die Schüssel. Zeichne magische Zeichen oder Runen auf den Filter, die dir angemessen erscheinen, oder schreibe den Namen deines persönlichen Gottes oder deiner Göttin darauf. Der doppelköpfige Gott Janus eignet sich besonders gut für diese spezielle magische Technik.

Erhitze die Butter, bis sie flüssig ist. Dann gieße sie durch ein Sieb ab, um alle festen Rückstände zu entfernen. Gebraucht wird nur die klare Flüssigkeit, das Butterschmalz.

Lege das Papier mit den Namen der gegen dich eingestellten Personen in den Filter, darauf den gemahlenen Kaffee. Gieße die flüssige Butter über die Mischung. Bitte Janus darum, diese Menschen aus deinem Leben zu entfernen. Wenn der Zauber vollendet ist, entsorge die Mischung irgendwo außerhalb deines Grundstücks oder deiner Wohnung. Während die Mischung verrottet, werden die Personen aus deinem Leben verschwinden.

Schützendes Räucherwerk der Schwarzen Madonna

Brennendes Räucherwerk ist ein Geschenk an den Geist. Der duftende Rauch kann dir außerdem zu einem ruhigen, entspannten Geisteszustand verhelfen. Dieses Buch enthält verschiedene Rezepturen für Räucherwerk, die du in Verbindung

mit einem Zauber benutzen oder »einfach nur so« anzünden kannst.

Isis, vermutlich die bekannteste ägyptische Göttin, steht für Unsterblichkeit, Zeit und Astrologie, Erde, Natur, Mond und Nacht. Sie trägt verschiedene Titel (Königin der Erde, Mutter der Jahreszeiten, Beschützerin der Toten). Sie wurde nicht nur in ganz Ägypten verehrt, sondern auch im Römischen Reich, in Chaldäa, Griechenland, Germanien, Gallien und vielen anderen Gegenden – eine sehr umfassende weibliche Energie. Mit der römischen Besetzung fremder Länder breitete sich die Isis-Verehrung immer weiter aus. Nach der Ankunft des Christentums änderten viele Heiligtümer in Europa, die der Göttin Isis geweiht waren, die Darstellung dieser Göttin mit ihrem Sohn Horus in die der Jungfrau Maria, die Jesus in den Armen hält. Da Isis dunkelhäutig war, wurden diese Abbildungen als die »Schwarzen Jungfrauen« oder »Schwarzen Madonnen« bekannt. Diese Schwarzen Madonnen finden sich auf fast allen Kontinenten: in Europa (Frankreich, Deutschland, Italien, Polen, Spanien und der Schweiz), in Amerika (Mexiko, Mittelamerika und Südamerika), in Afrika, Asien und sogar in den Inselreichen des Pazifik.[1]

Die folgende Rezeptur für schützendes Räucherwerk wurde von Morgana entwickelt.[2]

Benötigte Materialien: $1/2$ Tasse grob gemahlene Zedernspäne; 1 Esslöffel grob gemahlene Myrrhe; $1/2$ Esslöffel fein gemahlenes Drachenblutharz; 11 Tropfen Lilienöl (kann durch Lotusöl ersetzt werden); 5 Tropfen Rosenöl; $1/2$ Teelöffel zerstoßenes Eisenkraut; einige Rosenblätter.

---

[1] Martha Ann Imel und Dorothy Myers: *Goddesses in World Mythology, A Biographical Dictionary.* New York: Oxford University Press, 1993.

[2] Morgana ist die Inhaberin von Morgana's Chamber, einem Hexenladen in New York. Ihre Spezialität sind nach eigenen Rezepten hergestelltes Räucherwerk, magische Kerzen und Kräutermagie. Sie ist Mitglied der Black Forest Family.

Anleitung: Beginne mit den Zedernspänen und füge die anderen Zutaten in der oben angegebenen Reihenfolge hinzu. Nach jeder Zugabe das Ganze gründlich mischen. Konzentriere dich während des Mischens auf die schützende Energie von Isis. Bewahre die Mischung in einem Glasgefäß oder Plastikbehälter auf. Gib sie zum Verbrennen auf Räucherkohle. Wenn das Räucherwerk zu brennen beginnt, halte die Hände über den Rauch und sprich:

**Geist zu Kräutern,
Kräuter zu Räucherwerk,
Räucherwerk zu Flamme,
Flamme zu Rauch,
Rauch zu Geist.
Ich lade euch auf
im Namen der Schwarzen
Madonna.
So sei es!**

Sich gegen Negativität abschirmen

Eine der wichtigsten Techniken, die jede Magierin kennen sollte, ist das Abschirmen, das negative Energien fern hält. Es gibt verschiedene Methoden dafür, von der einfachen Technik des weißen Lichtes bis hin zu komplizierteren Prozeduren. Es ist wichtig, dass du die Technik wählst, die für dich richtig ist, und diese beibehältst.

Beim Abschirmen handelt es sich im Grunde um eine einfache Visualisierung. Hier sind ein paar Ideen, um dir dabei zu helfen (übe jeden Tag fünf Minuten lang):

- Sieh dich selbst von reinem, weißem Licht umgeben.
- Sieh dich selbst von Engelsflügeln umgeben.
- Sieh dich selbst von einer dichten Hecke umgeben.

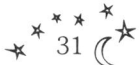

- Sieh dich selbst von einem Kraftfeld umgeben.
- Sieh dich selbst von Spiegeln umgeben, die nach außen zeigen, von dir weg.

Schutzzauber der vier Richtungen

Für diesen Zauberspruch benutzen wir das Lunate- oder Mond-Kreuz, das das Zentrum (dich) mit Halbmonden verteidigt, die nach außen gerichtet sind. Dieses Zeichen war bei den europäischen Schamanen sehr beliebt.[3] In der Alchemie steht es für Essig.

Anmerkung: Du kannst dieses Zeichen auch in eine schwarze Kerze ritzen, es mit Essig benetzen und über dein Bild legen, um zukünftige Angriffe von Personen abzuwehren, die schon einmal negative Energien gegen dich gerichtet haben.

Die Göttinnenenergie für diesen Zauberspruch ist die von Luna, der römischen Göttin des Mondes, der Nacht und der Zeit. Das bedeutet, dass du die Wirkung verstärken kannst, indem du zum Beispiel eine genaue Zeitspanne für die magische Arbeit festlegst. Der Name Luna bedeutet »der Mond, der die Monate regiert«, und sie wird sowohl mit den Jahreszeiten als auch mit dem ersten Tag des abnehmenden Mondes assoziiert. Ihr Feiertag ist der 31. März.

Lunate-Kreuz

---

[3] Barbara Walker: *Die geheimen Symbole der Frauen*. München: Hugendubel, 1997.

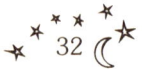

Benötigte Materialien: Die vier Asse aus einem Kartenspiel; ein schwarzer Stift.

Anleitung: Zeichne mit dem schwarzen Stift das Lunate-Kreuz auf jede Karte. Ziehe einen magischen Kreis. Lege die Asse folgendermaßen aus: Kreuz im Norden (Geld, Reichtum, Arbeit, Glück); Karo im Osten (Mut, Energie, Wagemut); Pik im Süden (Schicksal, logisches Denken); Herz im Westen (Liebe, Familie, Wachstum). Wenn du magst, kannst du die vier Richtungen mit Votivkerzen betonen (grün im Norden; gelb im Osten; rot im Süden; blau im Westen).

Sieh dich selbst von weißem Licht umgeben. Bitte Luna um ihre Unterstützung. Fühle, wie die Macht ihres Geistes dich umgibt. Geh zum Norden, halte das Kreuz-As in der Hand und sprich:

Bei der Macht des Nordens,
sende mir schützende Energie.

Behalte die Karte in der Hand und gehe zum Osten. Nimm das Karo-As auf und sage dabei:

Bei der Macht des Ostens,
lass mir Weisheit zuteil werden.

Behalte die Karten in der Hand und gehe zum Süden. Nimm das Pik-As auf und sprich:

Bei der Macht des Südens:
Ich fürchte mich nicht, noch zweifle ich.

Behalte die Karten in der Hand und gehe zum Westen. Nimm das Herz-As auf und sage:

Bei der Macht des Westens:
Ebbe und Flut, vereinigt euch.

Begib dich in die Mitte. Halte die vier Asse über den Kopf und sprich:

Schutz um mich, Schutz über mir, Schutz unter mir,
aus allen Richtungen werde mir Liebe und
Schutz zuteil,
bei der Macht des Einen.[4]
Herr und Herrin,
so sei es!

Klebe die vier Asse zusammen und lege sie für dauerhaften Schutz in deinen Geldbeutel oder deine Handtasche. Danke der Göttin Luna für ihre Hilfe.

Praktische Tipps

Du wirst also nicht von allen Menschen geliebt? Na und? Solange du nichts tust, was andere verletzt, sollte dir ihre Meinung über dich egal sein. Gleichzeitig solltest du darauf achten, was *du* über andere sagst und denkst. Manchmal merken wir nicht, dass die Worte oder Gefühle, die wir anderen kommunizieren, diesen wehtun können, einfach weil wir nicht über das nachgedacht haben, was aus unserem Mund kommt (oder, im Falle des Internet, aus unseren Fingern). Es ist eine Sache, eine eigene Meinung zu haben, und eine ganz andere, Menschen zu demütigen, indem wir sie mit Schimpfnamen belegen oder versuchen, sie herabzusetzen, nur damit wir selbst besser dastehen.

---

[4] »Das Eine« entspricht der kombinierten Macht des Herrn und der Herrin beziehungsweise des Geistes.

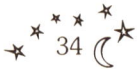
Das Dreieck des Drachenauges

Damit negative Situationen auftreten können (ob es sich nun um unmoralische oder kriminelle Taten handelt), müssen drei Elemente gegeben sein: der Wunsch, die Fähigkeit und die Gelegenheit. Die leichteste Art, eine negative Tat aufzuhalten bevor sie begangen wird, besteht darin, keine Gelegenheit dafür zu geben. Die Gelegenheit kann am einfachsten zunichte gemacht werden, wenn man die beste defensive Waffe einsetzt, die uns zur Verfügung steht: unseren Verstand. Die meisten gegen uns gerichteten Handlungen – ob es sich dabei um die Schwiegermutter handelt, die dich runterputzt, oder den Typen, der dir am Geldautomaten zu nah auf den Pelz rückt – geschehen, wenn wir nicht aufpassen. Die Dinge laufen gut, wir werden selbstzufrieden, und das ist genau der Moment, in dem das menschliche Raubtier zuschlägt!

Versuche einmal, dich jeden Morgen auf dein eigenes Dreieck des Schutzes zu konzentrieren. In der Magie repräsentieren die meisten dreifachen Motive, einschließlich des Dreiecks, das weibliche Prinzip. Die Göttin war die ursprüngliche Dreieinigkeit, die erst später von den patriarchalischen Formen abgelöst wurde. Von den Aborigines in Australien bis zur ursprünglichen Göttin Indiens (Trimurti) wurde das Dreieck als Fokus des spirituellen Universums betrachtet und oft mit dem kreativen Intellekt assoziiert.

Das Drachenaugen-Dreieck ist ein dreifaches Dreieck, das benutzt wurde, um die Göttin in ihrer neunfachen Form anzurufen (die neun Musen oder die neun Morrigans). Zum Zwecke des Schutzes beauftragen wir die Morrigan, auch Dunkle Mutter der keltischen Völker genannt (die ursprünglich, so möchte ich hinzufügen, eine Erdgöttin war und keine Kriegsgöttin). Das Drachenaugen-Dreieck weist außerdem germanische Assoziationen auf (es wurde auch das Auge des Feuers genannt)

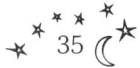

und war das alchemistische Zeichen für die Kombination der vier Elemente.[5]

Male einfach jeden Morgen das Dreieck des Drachenauges über dein Spiegelbild im Glas, während du dich fertig machst. Bitte sowohl um den Schutz der Göttin als auch um das Geschenk der Unterscheidungsfähigkeit, damit du nicht blindlings in irgendeine negative Situation hineinläufst. Wenn du möchtest, nimm die vier Elemente hinzu.

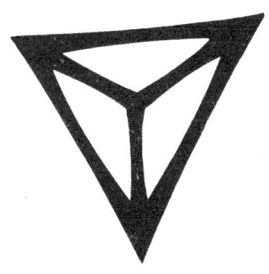

Drachenaugen-Dreieck

Andere Möglichkeiten, das Drachenaugen-Dreieck zu benutzen:

- Male es auf Briefe.
- Nähe es auf deine Kleidung.
- Hänge es als Dekoration an die Eingangstür.
- Ritze es bei anderen Schutzzaubern auf die Kerzen.

Drachenfluch-Schutzöl[6]

Schutzöle werden verwendet, um Kerzen, Talismane, Fenster, Türen, Lieblingsgegenstände und Ähnliches zu salben, um auf

---

[5] Carl G. Liungman: *Dictionary of Symbols.* New York: W.W. Norton and Company, 1991, Seite 294.
[6] Rezeptur von Morgana, Besitzerin von »Morgana's Chamber« in New York.

diese Weise die Reinheit spiritueller Schwingungen zu verstärken. Dieses Öl wird am besten zur Zeit des Dunkelmondes
hergestellt.

Benötigte Materialien: Eine Messflasche; Mandelöl;
3 Tropfen Amberöl; 1 Tropfen Jasminöl; 7 Tropfen dunkler
Moschus (kann durch einfachen Moschus ersetzt werden);
5 Tropfen Rautenöl; 3 kleine Stücke Drachenblutharz; 1 Prise
grobes Meersalz.

Anleitung: Fülle die Messflasche halb mit Mandelöl. Füge
nacheinander die anderen Öle hinzu und schüttle die Flasche
sanft, um die Ingredienzien gut zu mischen. Füge das Drachenblutharz und das Meersalz hinzu. Schütteln und erneut
mischen. Lade die Flasche mit Energie auf.

Wenn du das Öl zum Salben verwendest, kannst du den folgenden Spruch aufsagen:

**Geist zu Öl,
Öl zu Kerze,
Kerze zu Flamme,
Flamme zu Rauch,
Rauch zu Geist.**

Das innere Warnsystem

Nach den Unterlagen des National Law Enforcement Memo-
rial Fund kommen zu folgenden Zeiten mehr Polizisten gewaltsam ums Leben als sonst:

- zwischen 20 und 22 Uhr abends;
- an Freitagabenden;
- in den Monaten Januar und Dezember.

Wenn zu diesen Zeiten mehr Polizisten zu Tode kommen als zu anderen, dann geziemt es sich offensichtlich für uns als magische Staatsbürger, uns die Sache näher anzuschauen.

Auch wenn es sich vielleicht wie eine unzulässige Vereinfachung anhört, so habe ich doch vor langer Zeit gelernt, dass ich, um chaotische Ereignisse in meinem Leben zu vermeiden, schlicht und einfach den Geist (oder was immer für dich das All-Eine ist, der/die/das das Universum regiert) zu bitten, mich – wenn irgend möglich – von schädlichen Menschen und Ereignissen wegzuführen. Das funktioniert wunderbar – *wenn du auf deine inneren Instinkte achtest*, da der Geist in solchen Situationen meist über sie zu uns spricht (auch wenn manche Menschen in der glücklichen Lage sind, lautere Warnungen zu erhalten).

Dein Körper besitzt ein inneres Warnsystem, das eine Botschaft an das Beta-Bewusstseinszentrum sendet (der Geisteszustand, in dem wir uns normalerweise während des Wachseins befinden). Dieses Warnsystem beginnt eigentlich im Theta-Stadium (auch wenn einige Wissenschaftler glauben, dass es aus noch tieferen Ebenen kommt), funkt durch das Alpha-Bewusstsein und wird dann auf der Beta-Ebene ausgeworfen, oftmals durch emotionale Impulse oder Gefühle. Wenn wir diese Gefühle der Unruhe oder Nervosität in den Griff zu bekommen versuchen, ohne ihre Ursache ausfindig zu machen, heißt das, dass wir nicht auf unser persönliches inneres Warnsystem (IWS) achten. Polizeioffiziere und Angehörige des Militärs lernen, auf ihr IWS zu achten. Das müssen sie auch. Denn wenn sie es nicht tun, ist ihr Leben gefährdet. Dein eigenes IWS ist genauso wirkungsvoll. Wenn du darauf hörst, wirst du bald feststellen, wer dich anlügt, und sogar, warum. Dazu braucht es einfach nur deine Bereitschaft, aufmerksam auf die Botschaften zu achten, die dein eigener Körper dir sendet.

Ja, es gibt einen Grund dafür, warum du eine Gänsehaut

bekommst, während der Typ mit den verrückten Augen auf dich einredet. Und was soll all dieses Gerede über die weibliche Intuition? Männer haben sie ebenfalls.

Der Hexengürtel

Der Hexengürtel ist eine volkstümliche magische Praktik – nicht zu verwechseln mit dem Gürtel einer traditionellen Hexe –, von der man glaubt, dass sie die Aura eines Menschen versiegelt und mentale wie auch physische Angriffe vereitelt.[7] Als ich vor einigen Jahren in Missouri war, sprachen viele der örtlichen Hexen über diesen »Hexengürtel«, und schließlich fand ich die Ursprünge dieser Praktik in der örtlichen Volksmagie, und zwar dank eines hingebungsvollen Forschers aus den dreißiger Jahren des zwanzigsten Jahrhunderts, der sich die Zeit nahm, ein umfangreiches Handbuch über die Bewohner der Ozark-Bergregion zu schreiben.

Benötigte Materialien: Eine rote Kordel von der Länge deines Körpers (du kannst auch deinen Lieblingsgürtel dafür nehmen).

Anleitung: Wenn der Mond voll ist, hebe die Kordel zum Himmel empor und bitte den Gott und die Göttin, die Kordel mit schützender Energie aufzuladen. Sprich dabei:

**Geist zu Kordel, Kordel zu Hexe, Hexe zu Geist,
ich lade dich auf im Namen des Gottes und
der Göttin.
Beschere mir Freude, Frieden und Ehrfurcht.**

---

[7] Vance Randolph: *Ozark Magic and Folklore*. New York: Columbia University Press, 1974.

Jeden Morgen, bevor du die Kordel umbindest, halte sie (oder den Gürtel) der aufgehenden Sonne entgegen und bitte um die göttliche Gegenwart in deinem Leben sowie um Segen für dich und den vor dir liegenden Tag. Binde dir die Kordel um die Taille und sichere sie mit einem einfachen Knoten. Der Knoten sollte sich im Zentrum deines Unterleibs befinden.

Praktische Tipps

Gib niemals die Nummer deiner Kreditkarte, deines Personalausweises oder deines Kontos telefonisch an andere weiter. Überprüfe alle Wohltätigkeitsorganisationen, bevor du an sie spendest, und bitte um einen Finanzbericht. Gib dein Internetpasswort nicht an andere weiter und verändere es häufig, wobei du Zahlen- oder Buchstabenkombinationen verwenden solltest, die nichts mit dir und deinem Leben zu tun haben (also nicht Geburtsdaten, Namen von Familienmitgliedern etc.). Benutze einen Anrufbeantworter, um zu entscheiden, welche Anrufe du persönlich entgegennehmen möchtest.

Schutzbad mit Meersalz[8]

Spirituelle Bäder sind ein ausgezeichnetes Mittel, um den physischen und astralen Körper von Negativität zu reinigen und den Geist zu entspannen. Im folgenden Kapitel werden wir ein wenig mehr über spirituelle Bäder sprechen.

Benötigte Materialien: $\frac{1}{2}$ Tasse Bittersalz; $\frac{1}{8}$ Tasse grobes Meersalz (kann durch feines Meersalz ersetzt werden); 5 Tropfen Sandelholzöl; $\frac{1}{8}$ Teelöffel fein gemahlenes Drachenblutharz; $\frac{1}{2}$ Teelöffel zerstoßener Lavendel; 7 Tropfen rote Lebensmittelfarbe.

---

[8] Rezeptur von Morgana, Besitzerin von »Morgana's Chamber« in New York.

Anleitung: Vermische Bittersalz und Meersalz gründlich. Füge die weiteren Zutaten nacheinander hinzu und mische das Ganze nach jeder Zutat. Gib die Mischung in ein Glasgefäß und binde ein rotes Band darum. Lade das Gefäß energetisch auf, am besten bei Neumond. Wenn du ein Bad nehmen möchtest, füge dem einlaufenden Wasser zwei Esslöffel der Mischung hinzu.

Zaubersprüche, um deinen Besitz zu schützen

Vielleicht besitzt du keine Diamantarmbänder oder Brillant-halsketten, doch nichtsdestotrotz liegt dir das, was du besitzt, am Herzen. Schwindler und Betrüger sind gerissen, aggressiv und überzeugend. Würde ein Schwindel wie ein Schwindel wirken, dann würde (offensichtlich) niemand einem Schwindel zum Opfer fallen. Leider ist es aber eine Tatsache, dass Menschen durch Betrügereien jedes Jahr viele Millionen verlieren. Ein Betrüger kennt viele Möglichkeiten – vom Telefon bis zur Türklingel –, um sich Zugang zu deinem Leben zu verschaffen und sich – als Stromableser, Servicetechniker oder in unzähligen anderen Aufmachungen und Verkleidungen – mit deinem hartverdienten Geld aus dem Staub zu machen. Handle immer nach dem Motto: »Wenn etwas so aussieht, als sei es zu gut, um wahr zu sein, dann ist es auch zu gut, um wahr zu sein.«

Penelopes Schutznetz

Die Verwendung von Penelopes Netz gegen Betrug bedeutet nicht, dass du weniger achtsam sein solltest, wenn es darum geht, dich selbst oder deinen Besitz zu schützen. Es ist jedoch ein ausgezeichneter Bannzauber, der in Verbindung mit deinem gesunden Menschenverstand arbeitet, vor allem wenn du die Form auf einen kleinen Spiegel überträgst, den du zum

Beispiel unter das Telefon legen kannst, in den Safe, in dem du deine Kostbarkeiten aufbewahrst, oder unter die Matte vor deiner Eingangstür. Zeichen mit Linien, die sich kreuzen, werden oft bei Schutzzaubern verwendet, da die Linien negative Energien verwirren, was dazu führt, dass sie den Fokus verlieren und schließlich auseinander streben oder sich langsam auflösen.

Penelopes Netz

Penelopes Netz ist ein Muster aus ineinander greifenden Funfecken, das aus zwei Linien besteht. Der Verteidigungsring von zwanzig nach außen gerichteten Spitzen schützt den Träger oder seinen Besitz.

Der Name Penelope bedeutet »die Verschleierte«. Sie ist eine Schicksalsgöttin und verantwortlich für die Bestimmung unseres Schicksals. Als Mutter und Gefährtin von Pan fungiert Penelope, wenn erforderlich, als persönlicher Schutzengel. Man sagt, dass sie sich weigerte, den Faden von Odysseus' Leben zu durchtrennen, sodass er nicht sterben musste.

Wenn du dieses Zeichen mit einem schützenden Kraut kombinierst, sicherst du dir zusätzlichen Schutz für jeden und alles, insbesondere in einer verzweifelten Situation. Lege oder stelle das Bild der Person, die Schutz braucht, auf das Zentrum deines Altars. Bedecke es mit Penelopes Netz und umgib es mit einem der folgenden, mit magischem Schutz assoziierten Kräuter (oder einer Kombination aus ihnen): Myrrhe, Raute, Patschuli oder Rosmarin. Falls du keines dieser Kräuter zur Hand hast, tut es auch normales Tafelsalz. Sprich deine eigenen Worte der Kraft und bitte Penelope, dir zu helfen. Du kannst auch die Zeichnung in diesem Buch auf einem Kopierer vergrößern und für verstärkten Schutz die Buchstaben deines Vornamens zwischen die einzelnen Speichen schreiben. Oder schreibe den Namen des Gegenstandes, den du schützen möchtest, in gleichmäßigen Abständen zwischen die Speichen des Musters. Stecke die Zeichnung in eine Plastikhülle und trage sie als schützendes Symbol bei dir, vor allem wenn du befürchtest, es mit einer undurchsichtigen Geschäftsangelegenheit zu tun zu haben.

Um den Zauber zu verstärken:

- Führe ihn an einem Samstag durch.
- Führe ihn bei Vollmond aus.
- Male dein persönliches Siegel auf die Rückseite der Zeichnung.
- Nähe das Netz in ein teures Kleidungsstück ein (wie zum Beispiel den Wintermantel, der dich 500 Euro gekostet hat).

Zu heiß zum Anfassen

Also gut, du bist ein kluger Mensch und schwingst nicht deine Geldbörse über dem Kopf, wenn du die Straße entlanggehst. Du legst in der Reinigung nicht dein Portemonnaie auf die Ladentheke, während du in den Taschen nach dem Abholzettel

wühlst. Du hast immer die Auto- und Haustürschlüssel griffbereit, sobald du das Auto oder die Wohnung erreichst. Gibt es darüber hinaus einen zusätzlichen Energieschub, der dazu beitragen kann, deine Sicherheit zu gewährleisten? Allerdings! Versuche einmal folgenden Zauber.

Benötigte Materialien: Eine Nadel oder ein Nagel; eine weiße Kerze zum leichteren Fokussieren; deine beiden Hände; das Objekt, das du schützen möchtest.

Anleitung: Erhitze das Ende der Nadel oder des Nagels und ritze damit deinen Namen in die Kerze. Zünde die Kerze an. Betrachte aufmerksam die Flamme. Schließe die Augen und sieh die Flamme vor deinem inneren Auge. Falls du sie nicht visualisieren kannst, »fühle« die Flamme. Übe so lange, bis du dich wohl damit fühlst. Sobald du Vertrauen in deine Visualisierung hast, halte deine Hände über den Gegenstand, den du schützen möchtest, und sage:

Zu heiß zum Anfassen!

Wiederhole diese Worte, während deine Hände über dem Gegenstand warm werden. Stell dir die Hitze und das Licht der Kerze vor, wie sie in das Objekt hineinfließen und es zu heiß für jeden machen, der es ohne Erlaubnis berühren will. Zeichne mit der Kerze über dem Gegenstand das Zeichen des Pentagramms (siehe Seite 53) in die Luft. Wenn du fertig bist, lass die Kerze ungestört herunterbrennen.

Um den Zauber zu verstärken:

- Nimm ihn an einem Sonntag vor, in der Stunde der Sonne.
- Führe ihn am besten bei Vollmond durch.
- Erneuere ihn einmal im Monat.

- Versieh den betreffenden Gegenstand mit deinem persönlichen Schutzsiegel.

Anwendungsmöglichkeiten:

- Benutze den Zauber für dein Auto, Fahrrad oder sonstigen fahrbaren Untersatz.
- Wende den Zauber bei einer neuen Geldbörse, Brieftasche oder Aktentasche an.
- Versiegle die Türen und Fenster deines Heims mit diesem Zauber, wenn du dich besonders sicher fühlen möchtest.
- Benutze ihn für teuren Schmuck, Kunstsammlungen, CDs etc.

Zaubersprüche für Reisen und Ausflüge

Die meisten von uns neigen nicht dazu, ständig am selben Ort zu bleiben. Wir fahren zur Arbeit und wieder nach Hause, wir gehen einkaufen und wir machen Tagesausflüge, Wochenendtrips und lange Ferienreisen. Wir besuchen unsere Verwandten, erledigen Besorgungen, und wenn wir Kinder haben, werden wir zu einem regelrechten Taxiservice. Bei all dem vielen Herumfahren sollten wir ernsthaft über unsere Sicherheit außerhalb unseres Heims nachdenken.

Mit einem Gargoyle einkaufen

Wir alle müssen Einkäufe tätigen, ob es sich dabei um Lebensmittel handelt, um Medikamente, oder einfach nur zum Spaß, doch während wir einkaufen, sind wir oft sehr verletzbar. Ob unsere Aufmerksamkeit nun durch irgendeinen Köder abgelenkt wird oder unbekannte Bösewichte nach unseren Handtaschen (oder Brieftaschen in der Hosentasche) gieren – wir sind in jedem Fall ein leichtes Ziel.

Räuber halten nach Opfern Ausschau, die unsicher zu sein scheinen oder die nicht darauf achten, was in ihrer Umgebung vor sich geht. Lerne, dich mit Selbstvertrauen zu bewegen. Das ist der Punkt, an dem der Gargoyle ins Spiel kommt. Gargoyles sind von Menschenhand geschaffene mythische Tierwesen, die im Mittelalter sehr beliebt waren und als besondere Beschützer von Kathedralen galten (außerdem fungierten sie als Wasserspeier an Regenrinnen).

Vielleicht möchtest du eine Abbildung fotokopieren oder dir eine kleine Gargoyle-Statue zulegen, um dir beim Ausprobieren dieser Technik die Visualisierung zu erleichtern. Setze dich einfach hin, konzentriere dich auf deinen stets freundlichen Gargoyle, schließe die Augen, sieh den Gargoyle vor deinem inneren Auge und bitte ihn um Schutz, während du deine Einkäufe erledigst. Wenn du gern experimentierst, dann geh zunächst einmal ohne Gargoyle einkaufen, dann mit ihm und dann wieder ohne ihn. Halte deine Erfahrungen schriftlich fest.

Weitere Vorschläge:

- Nimm den Gargoyle mit auf den nächsten Campingtrip.
- Nimm den Gargoyle mit, wenn du deine Schwiegermutter besuchst. Sag ihm, dass sie der Nachtisch ist (halt, das war nur ein Scherz!).

Praktische Tipps

Benutze deinen gesunden Menschenverstand. Parke dein Auto nur in einer gut beleuchteten Gegend und niemals neben einem Lieferwagen mit Schiebetür. Schwinge deine Handtasche nicht auffällig herum.

Wenn du nach Weihnachtseinkäufen eine Menge Schachteln und Tüten zu schleppen hast, geh mehr als einmal zum Auto zurück und verstaue die Sachen so, dass man sie von außen nicht sehen kann. Noch besser ist es, eine Freundin mitzunehmen. Halte in Einkaufszentren immer die Augen offen und beobachte die Menschen vor und hinter dir. Protze nicht mit deinem Bargeld.

Ferien-Magie

Jeder möchte so schnell wie möglich an seinen Lieblings-Ferienort gelangen, doch bevor du dich auf den Weg machst, solltest du dafür sorgen, dass der Besitz, den du zurücklässt, sicher und geschützt ist (und noch vorhanden, wenn du zurückkommst!). Informiere deine Nachbarn, dass du verreisen wirst. Falls du einen Haussitter bekommen kannst, solltest du diese Gelegenheit wahrnehmen.

Sorge dafür, dass jemand deine Post und andere Zustellungen abholt, während du weg bist. Mithilfe einer Zeitschaltuhr für Lampen und Radio kannst du den Eindruck erwecken, als sei das Haus voller Leute. Verwende den »Zu-heiß-zum-Anfassen«-Zauber auf Seite 42 f. an der Eingangstür und platziere deinen freundlichen Gargoyle direkt innen vor die Haustür. Bitte einen verstorbenen Verwandten (das meine ich ernst), der dich sehr geliebt hat, über deinen Besitz zu wachen, während du auf Reisen bist.

Falls du mit dem Auto verreist, besprenge es mit geweihtem Wasser und streue einen Kreis aus Salz um das Gefährt. (Dies natürlich erst, nachdem du das Auto zum Mechaniker gebracht und es auf Herz und Nieren hast prüfen lassen, damit du heil an deinem Ferienort und wieder zu Hause ankommst.) Hänge ein Stück Rauchquarz im Auto auf, um dich vor Pannen zu schützen (sollte dein fahrbarer Untersatz allerdings nur mit Gummiband und Klebstoff zusammenhalten, erwarte nicht, dass der Quarz den endgültigen Zusammenbruch verhindern kann).

Nimm die direkteste Route zu deinem Zielort. Investiere in einen guten Reiseführer, der dir sagt, welche Straßen oder Städte du am besten umgehst. Bevor du losfährst, lege die Hände über die Landkarte, auf der du deine Route eingezeichnet hast, und bitte den Geist, dich sicher auf deiner Reise zu führen.

Hotel-Magie

Benötigte Materialien: Lege ein Stück Amethyst in jedes Gepäckstück (vor allem, wenn dein Reisegepäck ohne dich fliegt). Nimm eine kleine Tasche mit, die folgende Gegenstände enthält: Räucherwerk oder Salbei, geweihtes Wasser, einen Amethyst, eine Schale zum Räuchern und ein religiöses Bild deiner Wahl.

Anleitung: Reinige jeden Raum, in dem du übernachtest, mit brennendem Salbei, geweihtem Wasser oder mit beidem. Platziere das Bild so, dass es vom Spiegel reflektiert wird (es sollte entweder unauffällig sein oder aber sehr Furcht erregend wirken). Sobald du den Raum gereinigt hast, nimm ein Glas aus dem Badezimmer und fülle es halb mit Wasser. Bitte deine Ahnen, den Raum und deinen Besitz für die Dauer deines Aufenthaltes zu schützen. Bitte darum, dass das Wasser jegliche Negativität aufsaugt, die in den Raum eindringt. Bevor du das Hotel wieder verlässt, schütte das Wasser weg und danke deinen Ahnen. Wenn du ein Bad oder eine Dusche nimmst, zeichne in das Kondenswasser auf dem Badezimmerspiegel die Rune Algiz (Υ). Diese Rune wird mit den Walküren in Verbindung gebracht, den weiblichen Kriegerinnen, die uns im Leben und im Jenseits beschützen und führen. Algiz leitet negative Energie sowohl von Personen als auch von Besitztümern ab. Für besonderen Schutz kombiniere die Runen Sowelu, Algiz und Ansuz.

Wenn du dich verfahren hast

In teuren Automobilen installieren die Firmen heute schon elektronische Orientierungshilfen. Für den Fall, dass solch ein Navigationsgerät deine finanziellen Mittel übersteigen sollte, hier ein paar alltägliche und magische Tipps:

- Fahre an einen öffentlichen Platz und prüfe die Landkarte. Halte weder auf der Autobahn noch auf einer dunklen oder verlassenen Straße an.
- Halte die Hände über die Karte und sprich: »Heilige Mutter, ehrwürdige Göttin, erleuchte meinen Weg und gib mir ein Zeichen.« (Sie wird es tun!)

Praktische Tipps

Protze nicht mit deinem Bargeld. Schließe möglichst nicht nachts einen Mietvertrag für ein Auto ab. Bewahre die Liste mit deinen Travellerscheck- und Kreditkartennummern an einem sicheren Ort auf. Nimm nur die Kreditkarten mit, die du auch vorhast zu benutzen. Sage Fremden niemals, wer du bist, wie viel Bargeld du bei dir trägst oder wo du hinzugehen beabsichtigst. Präge dir den direktesten Weg von deinem Zimmer zu den Feuerleitern, Treppen und Aufzügen ein. Lass niemals teure Gegenstände oder Bargeld in deinem Hotelzimmer

herumliegen. Benutze dafür den Hotelsafe. Arrangiere die Dinge im Zimmer so, dass du sofort weißt, ob irgendetwas fehlt.

Netz aus Licht

Ein Polizist aus Tennessee hat mir einmal erzählt, dass er oft, wenn er mit seinem Streifenwagen unterwegs ist, ein Netz aus Licht um sich herum zaubert, wenn er ein »besonders haariges Gefühl« hat oder bevor er sich in eine ungewöhnliche Situation begibt. »Außerdem werfe ich das Netz beim Fahren auch vor dem Streifenwagen aus, um Menschen in Gefahr auszumachen. Und es hat bisher immer funktioniert!«

Flugzeug- und Flughafen-Magie

Statistisch gesehen besteht nur eine äußerst geringe Wahrscheinlichkeit, vom Himmel zu stürzen und in einem brennenden Haufen Stahl auf dem Gesicht von Gaia zu landen – doch das genügt nicht unbedingt, um die ängstlichen Nerven einiger Menschen vor dem Flug (oder währenddessen) zu beruhigen. Hier ein paar magische Tipps für alle Vielflieger (oder Wenigflieger):

- Achte darauf, dass sich in jedem Gepäckstück ein kleiner Amethyst befindet. Lade den Stein auf, damit er dein Gepäck sicher an deinen Zielort bringt.
- Binde an jedes Gepäckstück ein schwarzes Seidenband. Lade das Band auf, um deine Koffer zu schützen. Außerdem kannst du dann dein Gepäck leichter von den anderen unterscheiden, wenn du es am Gepäckband abholst.
- Packe deine Koffer so leicht wie möglich. Je schwerer das Gepäck, desto mehr wirst du zur Zielscheibe für negative Intentionen.

- Teures Designergepäck oder teure Designerkleidung zieht unnötige Aufmerksamkeit auf sich. Vertrau mir, ich bin viele Male in die USA geflogen. Jeans, T-Shirts, Sweatshirts und Turnschuhe sind absolut akzeptabel; sie helfen dir, mit der Masse zu verschmelzen und nicht aufzufallen und verhindern, dass du den Sicherheitsalarm am Flughafen auslöst (da du nicht deinen ganzen Schmuck zu tragen brauchst). Falls du unbedingt deine Designerklamotten anziehen oder mitnehmen möchtest, mach folgende einfache Visualisierung. Stell dir vor, wie deine Gepäckstücke sich in verschiedene Farben verwandeln, die ineinander übergehen, und dann stell dir vor, wie die Farben mit denen der anderen Gepäckstücke auf dem Flughafen verschmelzen – vergleichbar einer Luftspiegelung, die durch Hitze entsteht. Doch mach diesen Zauber nicht zu perfekt, denn dann könnte es passieren, dass du nach New York fliegst und dein Gepäck in Boston landet.
- Während du dein Gepäck im Hotelzimmer abschließen solltest, ist das bei Flügen nicht unbedingt immer ratsam. Im Falle von Sicherheitschecks wird man notfalls die Schlösser sprengen oder dich bei der Gepäckabholung warten lassen, während es systematisch durchsucht wird. Bitte stattdessen Merkur, den Gott der Reisen und der Kommunikation, dein Eigentum zu schützen.
- Wenn du das Flugzeug besteigst, zeichne ein bannendes Pentagramm auf die Außenseite des Flugzeugs und bitte um Schutz und Abwehr jeglicher Negativität, die das Flugzeug umgibt. (Ich mache das immer. Es ist mir egal, ob die Flugbegleiter denken, ich wäre verrückt.)
- Falls du sehr nervös und ängstlich bist, sage Folgendes: »Lieber Schutzengel (oder Geistführer), falls mit diesem Flugzeug irgendetwas nicht stimmt, dann sorge bitte dafür, dass man uns nicht einsteigen lässt.« Dreimal habe ich in den letzten fünf Jahren diese Bitte ausgesprochen, und drei-

mal mussten daraufhin wichtige Reparaturarbeiten vorgenommen werden, was dazu führte, dass man uns nicht einsteigen ließ. In einem Fall nahmen wir schließlich sogar ein anderes Flugzeug.

- Wenn du während des Fluges in Panik zu geraten drohst, schließe die Augen, zähle rückwärts von zehn bis eins und wiederhole dabei eine positive Affirmation. Achte darauf, ob es deine eigene Panik ist, die du spürst, oder die eines anderen Passagiers. Flugzeuge sind geschlossene Behälter mit einer Menge Menschen darin. Der Mann drei Sitze hinter dir könnte sich in einer panischen Spirale befinden, und es ist vielleicht seine Energie, die du fühlst, und nicht deine eigene. Falls du ein unangenehmes Gefühl hast, schau dich um. Ich wette meinen Besenstiel, dass dir jemand anderes seine Angst überträgt.

Schutz fürs Auto

Bei den ständig steigenden Kosten für Erwerb, Unterhalt und Versicherung eines fahrbaren Untersatzes ist es eine ziemliche finanzielle Katastrophe, wenn deinem Auto irgendetwas passiert, und eine noch größere Katastrophe ist es, wenn du dich in dem Moment in deinem Wagen befindest, in dem der Reifen eines Lastwagens auf das Autodach knallt anstatt aufs Straßenpflaster, wo er eigentlich hingehört. Der nachfolgende Zauber ist dafür gedacht, dein Auto vor Beschädigung und dich vor Unfällen zu schützen. Ich könnte nicht vor Gericht beschwören, dass er tatsächlich Unfälle verhindert, doch meine Familie hat das Gefühl, dass er wirksam ist, und meine Tochter wird dir ernsthaft erklären, dass sie davon überzeugt ist, dieser besondere Zauber habe ihr Leben gerettet, als sie in einen schlimmen Unfall verwickelt war.

Bei diesem Zauber rufen wir die Macht der Göttin Hekate an. Hekate, die griechische prähellenistische Göttin des Mon-

des, der Nacht, der Magie, des Reichtums, der Erziehung, des Wissens und der Zeremonie ist die Göttin der Kreuzungen und Scheidewege. In dieser Rolle wird sie »Hekate Trevia« genannt, Hekate der drei Wege. Im Mittelalter war Hekate als Königin der Geisterwelt bekannt. Germanische Verehrer kannten sie als »Dame Holda«, Königin der Geisterwege. Du kannst also auch immer dann ihre Hilfe erflehen, wenn es bei einem Zauber angesagt ist, die Reste auf eine Kreuzung zu werfen.

Hekate hat die Macht, physische und finanzielle Stürme abzuwenden, und ihr Mythos ist mit mehreren Triaden verquickt, unter anderem Hekate, Diana und Lucina sowie Hekate, Persephone und Demeter. Später wurde sie auch als eine Form der Artemis identifiziert. Auch wenn mittelalterliche Quellen Hekates Magie böse Absichten zuschrieben, ist sie in Wahrheit die Göttin des Großen Mysteriums und verkörpert unsere dunkle Seite, die wir integrieren müssen, wenn wir Ganzheit erlangen wollen. Daher steht sie nicht für das Böse sondern für das Mysterium, was die damaligen Autoren offensichtlich nicht richtig verstanden.

Benötigte Materialien: Eine kleine Flasche geweihtes Quellwasser; drei Tassen Pökelsalz, Meersalz oder Tafelsalz.

Anleitung: Nimm bei Vollmond das Quellwasser und zeichne mit dem Finger ein Pentagramm auf folgende Teile deines Autos:

- Alle Fenster.
- Alle Türen.
- Alle Reifen.
- Auf die Motorhaube.
- Auf den Kofferraum (bzw. die Hecktür oder Ladefläche bei Lastwagen).
- Aufs Dach.

Pentagramm

Sprich dazu:

> **Große Mutter, Hekate, ich rufe dich an.**
> **Gnädige Göttin in der Höhe,**
> **beschütze in diesem Fahrzeug alle, die ich liebe.**
> **Gib uns Sicherheit und behüte uns vor Schaden.**
> **Gib uns Alarm, wenn Gefahr droht,**
> **transportiere uns sicher von hier nach dort.**
> **Mein Auto fährt rechts,**
> **mein Auto fährt links,**
> **allen Gefahren entkommen.**
> **Kreis des Schutzes, umfange uns,**
> **Kreis des Schutzes, umgib uns,**
> **keine Gefahr kann uns finden.**

Streue das Salz im Uhrzeigersinn um das Auto herum. Versuche, eine ununterbrochene Linie zu streuen. Sprich dabei die Worte:

Der Zauber ist besiegelt. Der Zauber ist geschlossen.
Alle negativen Energien sind gebannt.

Um den Zauber zu verstärken:

- Nimm den Zauber an einem Vollmond vor oder wenn sich der Mond im Merkur befindet (da Merkur den Transportbereich regiert).
- Lege einen aufgeladenen Rauchquarzkristall auf das Armaturenbrett oder ins Handschuhfach, um mechanisches Versagen abzuwenden.
- Lege einen Beutel mit schützenden Kräutern in dein Auto, um Negativität oder Diebstahl abzuwehren.

Wenn dein Auto eine Panne hat

Ursprünglich lernte ich diesen Zauberspruch zur Heilung unbekannter körperlicher Leiden. Ich habe jedoch mehr als einmal von magisch Praktizierenden gehört, dass dieser Spruch auch bei defekten Autos seine Wirkung nicht verfehlt. He, ein Versuch kann schließlich nicht schaden!

Anleitung: Halte die Hände über die Motorhaube des Fahrzeugs und wiederhole dreimal den folgenden Spruch:

**Und diese Zeichen werden jenen folgen,
die an den Geist glauben.
Sie werden Dämonen und böse Geister austreiben
und werden in fremden Zungen sprechen.
Sollten sie Gift zu sich nehmen,
so wird ihnen dies keinen Schaden zufügen.
Sie werden den Kranken die Hände auflegen,
und die Kranken werden genesen.
Im Namen des Geistes, so sei es!**

Klopfe dreimal mit dem Finger auf die Motorhaube des Autos. Besiegle den Zauberspruch, indem du mit dem Zeigefinger ein Kreuz mit gleich langen Balken über die Motorhaube des Autos zeichnest.

Kreuz mit gleich langen Balken

Schutzzauber für dein Heim

Wir denken gerne, dass wir in unserem Zuhause immer sicher sind, doch wenn dem so wäre, dann gäbe es nicht so etwas wie Einbrüche (oder Schlimmeres). Ein Ritual zur Segnung und zum Schutz des Heimes kann so kompliziert oder so einfach sein, wie du möchtest, doch umfasst es in der Regel die Kraft der vier Elemente (Erde, Luft, Feuer, Wasser) sowie eine Bitte an den Geist, er möge die Energien innerhalb und außerhalb des Hauses führen und leiten.

Segen für dein Haus

Wähle die Gottheit, die deine Gefühle hinsichtlich des Göttlichen am besten repräsentiert. Für diesen besonderen Zauber habe ich Brigid benutzt, die keltische (irische) Göttin des Wassers und Feuers, deren heilende Energien helfen können, ein Haus zu reinigen, dessen Energiefeld durch Missbrauch jeglicher Art, Streit oder andere negative Manifestationen beein-

trächtigt ist. Das Fest zu Ehren von Brigid ist eines der vier
großen Feste der keltischen Religion und findet am 1. Februar statt (Lichtmess).

Das Totemtier dieser Göttin ist die Kuh, und Milch ist eine
passende Opfergabe für sie. Trage die vier Elemente durch
das Haus oder die Wohnung und stell dir dabei vor, dass alle
Negativität aus jedem Raum gebannt wird.

Wenn du damit fertig bist, begib dich in die Mitte des
Raumes und sprich:

Ich bin der Wind auf dem Meer.
Ich bin eine Welle des Ozeans.
Ich bin das Brüllen der See.
Ich bin ein kraftvoller Bulle.
Ich bin ein Falke auf steiler Klippe.
Ich bin ein Tautropfen im Sonnenschein.
Ich bin die Macht der Kunst.
Ich bin ein Speer mit scharfer Spitze,
der in der Schlacht kämpft.[9]
Vom Keller bis zum Speicher, vom Fenster
bis zur Tür,
vom Dach bis zum Garten fülle ich dieses Haus
mit der schützenden Energie von
(Name der Gottheit)
und bitte um Segen für jeden Menschen,
der hier zu Hause ist. So sei es!

Dieses uralte keltische Gedicht erklärt auf magische Weise
deine Herrschaft über dein eigenes Heim. Erneuere diesen
Zauber alle sechs Monate.

---

[9] »Amairgin's Song (historisch)« aus: Marie-Louise Sjoestedt: *Gods and
Heroes of the Celts*. Berkeley: Turtle Island Foundation 1982, Seite 23.

Um den Zauber zu verstärken:

- Führe ihn an einem Vollmond durch.
- Führe ihn an einem Montag (gut für Familienangelegenheiten) oder an einem Sonntag (gut für Erfolg) aus.
- Führe ihn durch, wenn der Mond im Krebs oder in der Jungfrau ist.
- Führe ihn in der Stunde des Mondes aus.
- Führe ihn jedes Jahr am 1. Februar durch.
- Führe ihn am Neujahrstag aus.

Morrigans Schutz-Räucherwerk für das Heim[10]

Benötigte Materialien: ½ Tasse grob gemahlene Zedernspäne; ½ Teelöffel fein gemahlenes Drachenblutharz; 15 Tropfen Moschusöl; 11 Tropfen Patschuli; ½ Esslöffel zerstoßene Lavendelblüten; ¼ Teelöffel zerstoßener Beifuß.

Anleitung: Am besten stellst du dieses Räucherwerk zur Zeit des Dunkelmondes her. Beginne mit den Zedernspänen und füge die anderen Zutaten in der oben angegebenen Reihenfolge hinzu. Die Mixtur nach jeder Zugabe gut mischen. Konzentriere dich beim Mischen auf die schützende Energie der Morrigan.

Die Mischung kann in einem Glasgefäß oder Plastikbeutel aufbewahrt werden.

Zum Räuchern auf glühende Räucherkohle legen. Während das Räucherwerk brennt, halte deine Hände über den Rauch und sprich:

---

[10] Rezeptur von Morgana, Besitzerin von »Morgana's Chamber« in New York.

Vom Geist zum Kraut, vom Kraut zum Räucherwerk,
vom Räucherwerk zur Flamme,
von der Flamme zum Rauch,
vom Rauch zum Geist, ermächtige ich dieses
Räucherwerk
im Namen von ... *(wähle eine Gottheit)*,
um ... *(formuliere deine Intention)*.

Florida-Wasser

Rezepte für Florida-Wasser sind magische Mixturen zur Reinigung von Fußböden in Privathäusern oder Geschäftsräumen und werden in erster Linie benutzt, um die Umgebung von Negativität und bösen Kräften zu säubern. Du kannst diese Waschmixturen auch verwenden, um magische Werkzeuge zu reinigen, oder sie für eine schnelle Reinigung in eine Sprühflasche füllen.

Benötigte Materialien: 2 Liter 90-prozentiger Alkohol; ½ Liter Quellwasser; 1 Esslöffel frisch gepresster Zitronensaft; 10 Tropfen Schutzöl.

Anleitung: Bereite die Mischung am besten bei Vollmond zu. Sie lässt sich aber auch zu anderen Zeiten herstellen, vor allem wenn es sich um einen Notfall handelt.

Praktische Tipps

Wann hast du das letzte Mal dein Haus oder deine Wohnung auf seine/ihre Sicherheit geprüft? Sind die Türen mit hochwertigen Zylinderschlössern gesichert? Sind sie aus solidem Holz? Wie sieht es mit den Sicherheitsmaßnahmen bei Schiebetüren oder Schiebefenstern aus? Ist dein Heim sowohl von innen als auch von außen ausreichend beleuchtet? Sind

Hecken und Büsche so geschnitten, dass ein Krimineller sich nicht so leicht verstecken kann? Ist die Stromversorgung des Hauses gesichert, sodass dir niemand von außen den Strom abstellen kann?

Volkstümliche Amulette und Zauber für den Schutz von Haus und Wohnung

Hier folgt eine Liste mit einfachen und schnellen Schutzzaubern, die ich im Laufe der Jahre zusammengetragen habe.

- Schneide eine Zwiebel in zwei Hälften und lege diese auf das Fensterbrett in der Küche. Lade die Zwiebel auf, damit sie alle Negativität aufsaugt. Nimm eine neue, sobald die alte vertrocknet ist.
- Hänge eine offene Schere über die Eingangstür, um jeglicher Negativität den Weg in das Haus abzuschneiden.
- Lege Knoblauch unter das Bett, um Albträumen vorzubeugen.
- Parfümiere dein Kopfkissen mit Lavendel, um für süße Träume zu sorgen.
- Lege Penelopes Netz (Seite 41) über die Öffnung eines Gefäßes, das mit zerbrochenem Glas gefüllt ist. Damit lassen sich unerwünschte Unholde einfangen und in tausend Stücke zerschneiden!
- Stelle einen Behälter mit geweihtem Wasser auf die linke Seite der Haustür (von außen gesehen).
- Errichte in einer Ecke deines Grundstücks einen Altar aus kleinen, runden weißen Steinen. Ein kleiner Hügel reicht aus. Stelle dort Milch und Honig für die Geister des Grundstücks auf und bitte sie um ihren Schutz.
- Lege je einen kleinen Beutel mit Angelikawurzel, Rosmarin und Pfefferminze an die vier Ecken des Hauses (oder in die vier Ecken des Grundstücks).

- Um einen angekündigten Sturm abzuwehren, stecke ein Messer in die Erde, wobei die Schneide in die Richtung des nahenden Unwetters zeigt, um den Wind zu zerschneiden. Rufe, so laut du kannst, dem herannahenden Sturm zu: »Ich bin die Präsenz!« (Du denkst, ich mache Witze? Bei mir hat es bisher immer funktioniert!)

- Hänge ein Bündel Eicheln an die Eingangstür, um dein Heim oder deine Wohnung und die Menschen, die darin leben, zu schützen.

- Stelle jede Nacht ein mit Wasser gefülltes Glas neben dein Bett, um alle Negativität im Raum aufzunehmen. (Nein, dein Gebiss solltest du nicht in dieses Glas legen!)

- Lege eine Mottenkugel in jede Ecke des Raumes, um Negativität zu absorbieren. (Und wenn du sie rund um die Mülltonnen vor dem Haus auslegst, ist der Müll sicher vor Ratten und sonstigen nächtlichen Nagern.)

- Wenn irgend möglich, nimm keinen größeren Umzug vor, wenn der Mond sich in einer bewegungslosen Phase befindet oder wenn Merkur, Jupiter oder Venus rückläufig sind.

Praktische Tipps

Auch in ländlichen Gegenden gibt es Kriminalität. Sei ein guter Nachbar und halte die Augen offen. Schließe deine Türen ab. Nur weil du der schwärenden Großstadt entkommen bist, heißt das noch lange nicht, dass nicht auch hier kriminelle Elemente darauf warten, zuzuschlagen. Achte darauf, dass Schlösser, Tore und Zäune in einwandfreiem Zustand sind. Sichere Zufahrtswege, Werkzeug, Nebengebäude und Vieh, wenn vorhanden. (Benutze dazu die Zauberzeichen der Pennsylvania-Deutschen – sie wirken!) Lagere Erntegut in geschützten Bereichen. Verwende Außenbeleuchtung mit Zeitschaltuhr oder Bewegungsmelder.

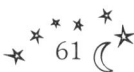

Fruchtige Schwingungen

Ist dir das Mischen von exotischem Räucherwerk zu viel Arbeit? Kannst du dir kein teures Räucherwerk leisten? Getrocknete, dünn geschnittene oder zerkleinerte Obstschalen können jeden Raum reinigen und die positiven Schwingungen erhöhen. Du kannst die Schalen auf ein Stück Räucherkohle geben (speziell zum Räuchern gedacht) oder einfach auf einen kleinen Haufen legen, anzünden und verbrennen.

Orangenschalen: Harmonie und positiver Schutz
Zitronenschalen: Klärung und Anregung
Apfelschalen: Liebe und Heilung

Du darfst in deiner Wohnung nichts verbrennen? (Solche Situationen gibt es.) Dann gib die Schalen in einen Topf mit kochendem Wasser, stecke sie in einen kleinen Seidenbeutel oder verstreue sie in den Ecken deines Zimmers. Damit erreichst du dasselbe.

Abendgebet

In Pennsylvania (wo ich lebe), ist es üblich, am Abend eine letzte Runde zu drehen und einen Segen für Haus und Besitz zu sprechen, bevor man sich zu Bett begibt. Dabei wiederholt man dreimal das folgende Gebet:

> **Mein Haus hat vier Ecken,**
> **eins, zwei, drei, vier.**
> **Vier heilige Engel bewachen sie**
> **vom Keller bis zum Dach.**
>
> **Weder Kriminelle noch Verführer,**
> **woher sie auch kommen,**
> **noch sonstige Bösewichter**
> **können mein Haus betreten.**

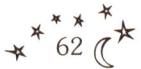

Mein Haus hat vier Ecken,
eins, zwei, drei, vier.
Vier heilige Engel bewachen sie
von allen Seiten.

Mein Heim ist vom Geist erfüllt
und von Liebe umfangen.
Geschützt vor allem Bösen
und vom Göttlichen gesegnet.

Mein Haus hat vier Ecken,
eins, zwei, drei, vier.
Von Engeln umgeben,
vom Geist durchdrungen,
heute und in Zukunft.
So sei es!

Das ist ein wunderbares Gebet, das du auch deinen Kindern
beibringen kannst. Außerdem kannst du die vier Ecken deines
Heimes mit Schutzöl salben, während du das Gebet wiederholst.

Die Bewohner des Hauses schützen

Taschentuch-Zauber

Mein Urgroßvater war ein Anhänger der Erweckungsbewe-
gung, zuerst in West Virginia und später in Pennsylvania. Als
ich noch ein kleines Mädchen war, kaufte meine Großmutter
immer Taschentücher (weiße für die Männer und bestickte für
die Frauen) und nahm sie mit zu ihren wöchentlichen Gebets-
kreisen. Dort wurden sie entweder vom Geistlichen mit hei-
lender und schützender Energie aufgeladen, oder die ganze

Gemeinde betete über ihnen. In späteren Jahren, als Kameras und Fotos sich immer mehr durchsetzten, wurden manchmal auch Fotografien derjenigen, die um Schutz oder Heilung baten, auf das entsprechende Taschentuch gelegt.

Benötigte Materialien: Je ein weißes Taschentuch für jedes Mitglied der Familie; geweihtes Quellwasser; Meersalz oder Tafelsalz; Schutzräucherwerk nach Wahl; ein Foto von jedem Familienmitglied.

Anleitung: Lege die Taschentücher auf einer ebenen Fläche aus. Achte darauf, dass sie offen liegen und nicht zusammengefaltet sind. Besprenkle jedes einzelne mit Quellwasser und Meersalz und stell dir dabei vor, wie die Tücher vor Reinheit leuchten. Halte jedes Tuch dreimal kurz über das brennende Räucherwerk. Lege auf jedes Tuch ein Foto. (Vergiss nicht, welches Taschentuch zu wem gehört.) Halte deine Hände über das erste Bild und sprich:

Und der Geist wirkte besondere Wunder durch die Hände der Kinder Gottes, sodass Tücher oder Kleidungsstücke von ihnen den Kranken gebracht wurden, worauf die Krankheit sie verließ und die bösen Geister ausgetrieben wurden.[11]

Lass dir Zeit und stell dir reines weißes Licht vor, das durch das Kronenchakra in deinen Körper eintritt und durch dein Herz in deine Arme und Hände und dann in das Foto und das Taschentuch fließt. Falls du die Konzentration verlierst oder das Gefühl hast, dass du fertig bist, nimm einen tiefen Atemzug und besiegle den Zauber, indem du ein Kreuzzeichen (mit gleich langen Balken, siehe Seite 55) über dem Foto und dem

---

[11] Die Originalversion stammt aus der Bibel, Apostelgeschichte 19,11–12.

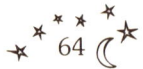

Taschentuch machst. Dann gehe weiter zum nächsten Tuch. Wenn du mit allen fertig bist, bedanke dich beim Geist. Gib das Taschentuch der betreffenden Person mit der Aufforderung, es immer bei sich zu tragen. Erneuere den Zauber alle sechs Monate oder auch eher, falls du das Gefühl hast, dass es nötig ist.

Um den Zauber zu verstärken:

- Füge dem Meersalz eine Mischung persönlich ausgewählter schützender Kräuter hinzu.
- Führe den Zauber bei Vollmond durch.
- Führe ihn an einem Montag in der Stunde des Mondes durch.
- Führe ihn am Geburtstag der betreffenden Person durch.
- Lade den Zauber im Namen einer besonderen Gottheit mit zusätzlicher Kraft auf.

Anwendungsmöglichkeiten:

- Gib ein entsprechend aufgeladenes Taschentuch einem kranken Freund.
- Stecke ein Tüchlein in das Halsband eines kranken Haustieres.
- Gib deinem Lieblingspolizisten, Sanitäter, Feuerwehrmann oder Busfahrer ein aufgeladenes Taschentuch.

Schutz vor Schwangerschaft[12]

In den Sechzigerjahren des 20. Jahrhunderts entdeckte Dr. Eugene Jonas, ein tschechischer Gynäkologe, eine Methode

---

[12] Lori Reid: *Moon Magick*. New York: Three Rivers Press, Crown Publishers, 1988.

der Familienplanung, die von europäischen Frauen bereits seit Jahrhunderten angewandt wurde. Er stellte fest, dass eine Frau an *den* Tagen des Monats am fruchtbarsten ist, an denen sich der Mond in derselben Phase befindet, in der sie geboren wurde. Wenn du also während des ersten Mondviertels geboren bist, bedeutet dies (sofern du eine Frau bist), dass die drei Tage dieser Mondphase für dich die empfänglichsten des ganzen Monatszyklus sind. Natürlich ist diese Information sehr hilfreich, wenn du versuchst, schwanger zu werden – doch wenn dem nicht so ist, versage dir lieber während dieser drei Tage alle leidenschaftlichen Momente.

Wie kannst du herausfinden, in welcher Phase sich der Mond befand, als du geboren wurdest? Es gibt detaillierte astrologische Tabellen, die diese Information enthalten.

Zauber gegen Unfruchtbarkeit

Die in Pennsylvania angesiedelten Einwanderer deutscher Abstammung besaßen ein Kompendium volkstümlicher magischer Praktiken, die man – wenn man tief genug gräbt – auch heute noch finden und anwenden kann.

Das Färben und Verzieren von Ostereiern wurde seit dem frühen neunzehnten Jahrhundert in den besagten Gebieten Pennsylvanias ausgiebig praktiziert. Um gegen Unfruchtbarkeit vorzubeugen, bemalte jede Familie dutzende von Eiern mit fröhlichen, einzigartigen Mustern. Dann wurden die Eier an eine Birke oder einen Kirschbaum gehängt, deren/dessen

Stamm und Äste mit Baumwollstreifen umwickelt waren. Das Ei als uraltes Fruchtbarkeitssymbol überträgt seine Energien auf die Frau des Hauses, und diese ist auch verantwortlich dafür, die Eier aufzuhängen und um den Segen der Gottheit zu bitten, während sie jedes einzelne Ei mit einem Band am Baum befestigt.

Wenn du dir nicht die Arbeit machen willst, die Eier einzeln auszublasen und die empfindlichen Schalen anzumalen, kannst du auch die farbenfrohen Plastikeier verwenden, die es zur Osterzeit in Hülle und Fülle zu kaufen gibt. Bemale jedes Ei mit verschiedenen Fruchtbarkeitssymbolen, bevor du es an einem Baum aufhängst, der dem Geist der Fruchtbarkeit gewidmet ist.

Für Freunde und gesellschaftliche Situationen

Die Interaktion mit Freunden außerhalb der Familie ist für das emotionale Wohlbefinden genauso wichtig wie der Kontakt mit Verwandten. Die folgenden Rituale und Zaubersprüche wurden speziell für den persönlichen Freundeskreis entworfen.

Wolf-Schutzritual[13]

Nordamerika besitzt ein reiches indianisches Erbe, das sich viele von uns bis heute nicht erschlossen haben. Dieses Ritual wurde mir von Dream Wolfdancer geschickt und funktioniert wunderbar, wenn man es alleine durchführt, ebenso aber innerhalb einer Gruppe oder eines Hexenzirkels oder einfach nur für deine Familie.

---

[13] Copyright © 1998 Dream Wolfdancer

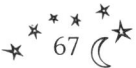
Benötigte Materialien: Eine Feuergrube; ein alter Grill oder Kessel; die Zutaten für ein Feuer; Salbei.

Anleitung: Mach ein Feuer. Zünde es an. Sprich die folgenden Worte:

> **Heya … heya … heya … hekohey!**
> **In dieser Nacht, in Wald und Feld,**
> **verborgen und dunkel,**
> **rufe ich dich an, großer Wolf!**

Klatsche in die Hände oder schlage in einem herzschlagähnlichen Rhythmus auf eine Trommel, und sprich dabei:

> **Mutter, Mutter, du säugst deine Jungen,**
> **wache über mich und die meinen.**
> **Vater, Vater, du schützt deine Familie,**
> **wache über mich und die meinen.**
> **Kommt, ihr Schwestern und Brüder des Klans!**
> **Kommt und tanzt im Feuerschein!**
> **Tut euch gütlich an der reichen Fülle der Jagd!**
> **Singt mit uns in der Dunkelheit**
> **und jagt in unseren Träumen!**
> **Owoooooooooooooooo! Owoooooooooooooooo!**

Verbrenne den Salbei und verteile den Rauch über jeden deiner anwesenden Freunde oder Familienmitglieder. Nimm ein wenig trockene Erde und streue diese über die Flammen, wobei du sprichst:

> **Wir sind eins!**

Visualisiere dabei ein Wolfspaar, wie es mit seinen Jungen spielt. Sprich dazu:

Mein Klan ist in Sicherheit.
Vielen Dank, Bruder Wolf.

Hinterlasse eine Opfergabe für Vater Himmel und Mutter Erde.

Die Talisman-Schnur

Diese Talisman-Schnur war im frühen neunzehnten Jahrhundert in der Ozark-Region sehr beliebt. Sie besteht aus Knöpfen und guten Wünschen deiner Freunde und dient dazu, Negativität abzuwehren und dir Glück zu bringen. Die Talisman-Schnur wurde nicht nur als Glücksbringer betrachtet, sondern entwickelte sich auch zu einer beliebten Erinnerungshilfe für Frauen, die nicht lesen konnten. Ein Knopf von einer Geburtstagsfeier, einer Hochzeit, einer Taufe, einem ersten Rendezvous etc. wurde dabei als etwas ganz Besonderes betrachtet.

Benötigte Materialien: Lass dir von jedem deiner Freunde einen Knopf geben und bitte sie, diesen mit Schutz und Liebe zu segnen.

Anleitung: Reihe die Knöpfe an einer Kette oder Schnur auf und bitte die göttliche Kraft dabei um Schutz, Liebe und Glück. Benutze die Schnur mit den Talismanen für alle Arten von Schutzmagie oder trage sie in der Hand- oder Brieftasche bei dir, damit sie dir beständig Glück und Schutz bringt. Wenn du einen besonders schlechten Tag hast, lege die Talisman-Schnur in einem Kreis um ein Foto von dir.

Um den Zauber zu verstärken:

- Führe ihn an einem Freitag in der Stunde der Venus durch.
- Führe ihn bei Vollmond durch.
- Führe ihn aus, wenn der Mond im Löwen steht.

Anwendungsmöglichkeiten:

- Wenn ein Freund oder eine Freundin krank ist.
- Wenn ein Freund oder eine Freundin wegzieht.
- Wenn der Sohn/die Tochter zur Universität geht.

Zauber zur Vorbeugung gegen sexuelle Übergriffe

Lass dir nichts vormachen, was andere auch sagen – Vergewaltigung hat definitiv etwas mit Kontrolle, Macht und Wut zu tun. Vergewaltigung ist ein Akt der Gewalt – ein Versuch, durch die Anwendung von Sex als Waffe zu kontrollieren und zu degradieren. Vergewaltigung kann jeder Frau widerfahren, und jeder kann der Angreifer sein. Es ist unmöglich, den Typ des Opfers und den des Angreifers genau zu bestimmen.

Dieser einfache kleine Zauber hat seine Wurzeln in der Pow-Wow-Magie der Pennsylvania-Deutschen und wurde angewandt, um Negativität aller Art abzuwehren.

Benötigte Materialien: Eine große Sicherheitsnadel.

Anleitung: Halte die Nadel in beiden Händen und sprich:

> **Blut und Bein,**
> **Wand wie Stein,**
> **schütze mich!**
> **Nadel fein,**
> **stich hinein,**
> **triff dein Ziel!**

Stell dir vor, dass du von einem schützenden weißen Licht umgeben bist. Lass das Licht in die Nadel fließen. Wiederhole die Worte des Zaubers, bis die Sicherheitsnadel in deiner Hand sehr heiß wird. Dann halte sie über deinen Kopf und sprich:

> **Es ist getan!**

Befestige die Nadel am linken Ärmel deines Kleides, deiner Bluse oder Jacke. Lade die Nadel einmal im Monat mit neuer Energie auf.

Um den Zauber zu verstärken:

- Nimm ihn an einem Samstag vor.
- Nimm ihn zur Dunkelzeit des Mondes vor.
- Führe ihn an einem Dienstag in der Stunde des Saturn durch.
- Führe ihn aus, wenn sich der Mond im Skorpion oder Löwen befindet.
- Segne die Nadel mit der Energie eines schützenden Gottes oder einer Göttin.
- Gib der Nadel eine extra Ladung Energie durch ein Schutzöl deiner Wahl (aber Vorsicht – die Nadel gründlich abwischen, bevor du sie an deiner Lieblingsseidenbluse befestigst!).

Anwendungsmöglichkeiten:

- Manche Frauen ziehen es vor, die Anstecknadel direkt über dem Herzen zu tragen, und befestigen sie am Büstenhalter.
- Reihe ein paar schwarze Perlen auf der Nadel auf und schenke sie einer guten Freundin, bevor diese auf eine Ferien- oder Geschäftsreise geht.

Praktische Tipps

Verhalte dich klug! Wo immer du hingehst, bewege dich mit Selbstvertrauen und zielgerichtet. Achte stets auf alles, was in deiner Umgebung vor sich geht. Lass dir deine Denkfähigkeit nicht von Alkohol oder Drogen vernebeln. Gehe zusammen mit einer Freundin, wenn du an unbekannte Orte oder zu Partys bei Leuten eingeladen wirst, die du nicht kennst. Wenn dein inneres Warnsystem Alarm schlägt – höre darauf! Begib dich bei Verabredungen nicht in Situationen, in denen du vergewaltigt werden könntest. Solange du einen neuen Freund noch nicht gut kennst, fahre immer mit deinem eigenen Auto. Sei dir über deine Absichten im Klaren. Sage, was du meinst, und meine, was du sagst.

Den Helfer beschützen, der dich beschützt

Polizisten haben einen besonders schwierigen Job. Mit zunehmender Bevölkerungszahl steigt auch die Verbrechensrate. Wenn dein Ehemann oder Partner zu den Ordnungshütern zählt, ist er mit wesentlich mehr negativen Energien konfrontiert als die meisten Menschen, sobald er den Schutz seines häuslichen Umfelds verlässt. Hier ist ein Zauberspruch, der seine Sicherheit fördern und gleichzeitig einige deiner Ängste besänftigen kann. Und welches Symbol wäre für diesen Zauber besser geeignet als der fünfzackige Stern, der wahr-

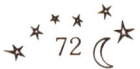

scheinlich vor ungefähr 6000 Jahren als Resultat astronomischer Forschungen im Gebiet von Euphrat und Tigris (dem heutigen Irak) entdeckt und heute sowohl von der amerikanischen Polizei und anderen Sicherheitsagenturen als auch vom amerikanischen Militär benutzt wird!

Die Spitzen dieses Sterns (der auch als Pentagramm bezeichnet wird) besitzen zwei Entsprechungen – zum einen Erde, Luft, Wasser, Feuer und Geist (der menschliche Geist bzw. der universale Geist, wenn der Stern von einem Kreis umgeben ist) und zum anderen Arme, Beine und Kopf des menschlichen Körpers. Im 4. Jahrhundert v.Chr. wurde dieses Sternsymbol von den Pythagoräern häufig benutzt, wobei sie es mit dem Wunsch für gute Gesundheit verbanden und jeder schriftlichen Botschaft hinzufügten. In der Zeit zwischen 300 und 150 v.Chr. war der Fünfstern das offizielle Siegel der Stadt Jerusalem. Außerdem können wir das Pentagramm auch in der Maya-Kultur im präkolumbianischen Amerika finden. Einige Historiker sind der Ansicht, dass der Fünfstern auf dem Symbol der griechischen Göttin Kore beruht, die mit der römischen Göttin Libera identisch ist. Clemens von Alexandria zelebrierte die Feierlichkeiten zu ihren Ehren – in einer christianisierten Version – am 5. Januar als »Vorabend der Erleuchtung von Kore«. Und schließlich repräsentiert das Pentagramm auch den Eid, den man ablegt (hier: der Eid eines Angehörigen der Polizei).

Das als schützendes Symbol benutzte Pentagramm ist das Zeichen der römischen Venus, Göttin der Fruchtbarkeit und des Krieges. Andere Göttinnen, die mit dem Pentagramm assoziiert werden, sind Ischtar, Astarte, Kore, Nephthys und Isis. Venus, mit ihrer Liebe für Ordnung und Schönheit, ist eine perfekte Wahl, wenn du Schutz für deine Lieben erbitten möchtest. Das Fest zu ihren Ehren, die Vinalia, wurde am 23. April gefeiert. Venus war einst die »Herrin der Tiere«, und ihr gehörnter Begleiter, Adonis, war sowohl der Jäger als auch der geopferte Hirsch. Auch wenn moderne Geschichtsschreiber Venus häufig nur mit Sexualität und den damit verbundenen Vergnügungen assoziieren, ist sie eigentlich viel eher eine starke, schützende Göttin, der das Wohlergehen derjenigen, die um ihre Hilfe bitten, zutiefst am Herzen liegt.

Benötigte Materialien: Eine weiße Kerze; eine Nadel oder ein Nagel; gemahlene Mistel (falls dir keine Mistel zur Verfügung steht, wähle ein anderes schützendes Kraut aus dem Anhang); ein Pentagramm (Seite 53), auf ein Stück weißes Papier gezeichnet; ein Bild der Person, für die du um Schutz bitten möchtest; seine oder ihre Dienstmarke; geweihtes Wasser (mit drei Prisen Salz vermischt und mit Energie aufgeladen).

Anleitung: Ritze mit einer Nadel oder einem Nagel das Pentagramm mit der Spitze nach oben in die weiße Kerze und zeichne dann das Symbol der Venus ♀ darüber. Die Kerze mit zerstoßener Mistel einreiben (falls du die Beeren verwendet hast, wasche dir gründlich die Hände, bevor du die Finger in den Mund steckst). Lege das Papier mit dem Pentagramm (mit der Spitze nach oben) auf den Altar oder die Arbeitsfläche. Stelle die Kerze dahinter. Platziere das Foto der betreffenden Person in die Mitte des Fünfecks. Lege die Dienstmarke auf das Bild. Besprenge das Ganze mit geweihtem Wasser und visualisiere dabei, wie schützendes weißes Licht das Bild und die Dienstmarke umgibt. Zünde die weiße Kerze an. Hebe deine Arme so, dass dein Körper die Form eines Fünfsterns darstellt. Sprich die folgenden Worte:

**Ich rufe die Kräfte der Venus an,
damit du jede Stunde und jede Minute des
Tages beschützt bist.
Du hast die Kraft der Wellen des Meeres. Ho!**

*(Berühre die Dienstmarke und stell dir vor,
wie diese Kraft in die Marke und in die Person
fließt, die du beschützen möchtest.)*
Die schützende Liebe deiner Familie ist dir sicher. Ho!
(Wiederhole das Berühren der Dienstmarke.)
**Du bewegst dich mit sicheren Schritten auf
Mutter Erde. Ho!**
(Wiederhole das Berühren der Dienstmarke.)
Die Winde der Weisheit berühren deinen Geist. Ho!
(Wiederhole das Berühren der Dienstmarke.)
Du trägst das schützende Feuer in deinem Inneren. Ho!
(Wiederhole das Berühren der Dienstmarke.)
Du hast die Kraft der Wellen des Meeres. Ho!
(Wiederhole das Berühren der Dienstmarke.)
**Die Erde, der Himmel und das Meer lassen dir ihren
Schutz zukommen. Ho!**
(Wiederhole das Berühren der Dienstmarke.)
Wie ich es befehle, so sei es! Ho!
(Wiederhole das Berühren der Dienstmarke.)

Segne dich selbst mit dem Zeichen des Pentagramms, indem
du nacheinander die linke Brust, die Stirn, die rechte Brust,
die linke Schulter, die rechte Schulter und dann noch einmal
die linke Brust berührst. Lass die Kerze vollständig herunterbrennen. Gib die Dienstmarke zurück.

Anmerkung: Wenn dein Mann oder Partner dieses Ritual gemeinsam mit dir ausführt, wird der Zauber die doppelte Wirkung haben.

Um den Zauber zu verstärken:

• Führe ihn an einem Freitag durch, dem Tag der Venus.
• Führe ihn in der Stunde der Venus durch.

- Führe ihn an einem Samstag (zum Bannen) in der Stunde der Venus aus.
- Führe ihn während des Vollmondes aus (Verstärkung).
- Führe ihn während der Zeit des Dunkelmondes durch (bannt Negativität).

Praktische Tipps

Wie klug und vorsichtig bist du? Gehst oder joggst du spät in der Nacht allein auf verlassenen Straßen? Lässt du deine Geldbörse im Einkaufswagen liegen, während du schnell noch einmal den Gang zurückläufst, um etwas zu holen, was du vergessen hast? Steckst du Geldscheine offen in deine Hosen- oder Jackentasche? Lässt du dein Portemonnaie im Mantel, wenn du diesen zum Beispiel in einem Restaurant an der Garderobe aufhängst? Gibst du fremden Personen im Internet deine Telefonnummer oder Adresse? Lässt du das Auto unverschlossen, wenn du nur ganz kurz weggehst? Falls du irgendeine dieser Fragen mit »Ja« beantwortet hast, solltest du deine Einstellung zu deiner persönlichen Sicherheit einmal gründlich überprüfen!

Vorbeugende Magie – der Mond in den Zeichen

Jeden Monat bewegt sich der Mond durch alle zwölf Zeichen des Tierkreises und verweilt dabei ungefähr zweieinhalb Tage lang in jedem Zeichen. Du brauchst also einen genauen Mondkalender für diese Art von Magie.

- Benutze den Mond im Widder, um ein neues Unterfangen zu unterstützen, um schnelle Resultate zu erzielen, um Menschen zu retten, für mehr Mut und zur Bewältigung von Konflikten. Mars ist der Regent des Widders, und seine Energien sind sehr handlungsorientiert.

- Benutze den Mond im Stier, um dein Geld zu schützen, sowie für die Themen Kunst, Kinder, Schwangerschaft und Ethik. Regent des Stiers ist die Venus. Die Venus kümmert sich um Bargeld, Besitztümer, Schönheit, die Künste und Lust. Sie ist nicht der heiratende Typ – für diese Art von Energie wählst du besser den Asteroiden Juno.

- Benutze den Mond in den Zwillingen, um jede Art von Kommunikation zu schützen oder zu verbessern, für kurze Reisen und zum Thema Geschwister. Regent ist Merkur, bekannt für seinen Witz, sein schnelles Denkvermögen und gute Kommunikationsfähigkeiten.

- Benutze den Mond im Krebs zum Schutz von Heim, Haus und Garten, Grundbesitz, vergangenen Taten, Traditionen, Gräbern und deiner Integrität. Regent ist der Mond, der in erster Linie mit unseren Gefühlen und Familienangelegenheiten in Beziehung steht.

- Benutze den Mond im Löwen zum Schutz deiner Finanzen, deines Besitzes, deiner Karriere, deines Zuhauses und deiner magischen Gruppe. Regent des Löwen ist die Sonne, die die Willenskraft repräsentiert.

- Benutze den Mond in der Jungfrau, um deine Gesundheit zu schützen, deinen Arbeitsplatz, deinen Computer, deine Haustiere, die Erde, deinen Hexenzirkel und Militär- oder Polizeiangehörige. Der Merkur ist Regent der Jungfrau.

- Benutze den Mond in der Waage zum Schutz von Partnerschaften, Verhandlungen, gerichtlichen Angelegenheiten, Freunden und Schmuck. Die Waage wird von der Venus regiert.

- Benutze den Mond im Skorpion zum Schutz von Seelengefährten sowie bei Ritualen und Arbeiten im Bereich des Okkulten, bei Operationen, Versicherungsansprüchen, Steuern und wenn es um Integrität geht. Regent ist Pluto, der Planet der Regeneration.

- Benutze den Mond im Schützen zum Schutz von Religion,

Philosophie und Gesetz, bei langen Reisen, Partys und Sport, für zukünftige Ziele und um deinen Sinn für Humor zu stärken. Regent des Schützen ist Jupiter, der Planet der Expansion.

- Benutze den Mond im Steinbock, um deine Ehre zu schützen, deine Karriere, deine Finanzen oder deine gesellschaftliche Stellung zu befördern und Weisheit zu erlangen. Regent ist der Saturn. Seine Energien sind geordnet, exakt und begrenzend. Sei vorsichtig, wenn du mit Saturn arbeitest.
- Benutze den Mond im Wassermann, um Freunde und Bekannte zu schützen, für Glück, Aufrichtigkeit und die Zukunft im Allgemeinen, bei der Arbeit mit elektrischen Geräten oder im Hexenzirkel. Regent des Wassermanns ist Uranus, der Befreier im Tierkreis.
- Benutze den Mond in den Fischen zum Schutz vor Betrug, zum Schutz deiner Träume, deiner Spiritualität, von allem, was du pflanzt sowie bei dunklen, gruseligen Geheimnissen. Regent der Fische ist Neptun.

Und was kannst du jetzt mit all diesen wunderbaren Informationen anfangen, die ich dir hier gegeben habe? Hole deinen Mondkalender hervor und schau dir die oben aufgeführte Liste an. Gibt es irgendetwas, das du kurzfristig schützen möchtest? Finde den Eintrag für das entsprechende Mondzeichen in deinem Kalender und kreise das jeweilige Datum ein. Schreibe dir selbst eine Notiz, die folgendermaßen lauten könnte:

16. Oktober – Mond im Wassermann – Zünde eine schwarze Kerze an, um Negativität von Geraldine abzuwehren.

Einfach? Ja. Wirksam? Absolut!

Also gut, nicht alles wird sich regeln, nur weil der Mond sich in einem bestimmten Zeichen befindet – das Leben ist unbe-

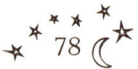
rechenbar! Es gibt jedoch keinen Grund, warum du nicht lernen solltest, was der Mond in den Zeichen bedeutet, um deine Magie entsprechend zu planen. Sobald du einmal angefangen hast, diese Art von Magie zu benutzen, wirst du dich fragen, wie du so lange ohne sie auskommen konntest!

Allgemeines Schutzritual bei einer Mondfinsternis

Laut den Aussagen unserer astrologischen Freunde ist eine Mondfinsternis ein interessantes himmlisches Phänomen, das uns – magisch genutzt – in genau dem Bereich einen echt positiven Kick geben kann, in dem wir ihn am meisten brauchen. Die Auswirkungen einer Mondfinsternis sind eine Woche vor dem tatsächlichen Ereignis bis zu sechs Monate danach zu spüren, wobei einige Astrologen dies bestreiten und behaupten, dass die intensivste Wirkung einer Mondfinsternis von einem Tag vorher bis zu dreißig Tagen danach spürbar ist. Du wirst es also selbst ausprobieren müssen, um dir in diesem Punkt Klarheit zu verschaffen.

Das astrologische Haus, in welchem die Finsternis eintritt, gibt dir einen Hinweis darauf, wie du deine Magie in dieser Situation am besten einsetzen kannst. Das Zeichen, in dem sich der Mond zur Zeit der Finsternis befindet, kann dir helfen, die Entsprechungen (Kräuter, Kerzen, Farben etc.) richtig zu wählen, und die Mondphase zeigt an, ob bannende oder fördernde Kräfte gegeben sind. Falls Vollmond ist, hast du Glück – die Magie kann sowohl bannend als auch fördernd wirken. Und wenn du deiner magischen Arbeit noch einen ganz besonderen Superkick geben möchtest, dann lass dir von einem Astrologen sagen, wo die Mondfinsternis in deinem persönlichen Transithoroskop »einschlagen« und mit welchen Planeten in deinem Geburtshoroskop sie kommunizieren wird (oder auch nicht). Wenn du jedoch keine Lust hast, die ganze Angelegenheit so genau zu untersuchen, dann ist das auch in Ordnung.

Jede Mondfinsternis hat einen Anfang, eine Mitte und ein Ende. Auch hier sind sich die Astrologen in Bezug auf die Zeiten nicht so ganz einig. Einige sind der Ansicht, dass man das Ritual vor Beginn des eigentlichen astrologischen Ereignisses durchführen sollte, um die himmlischen Energien in seinem magischen Netz einzufangen. Andere nehmen es damit nicht so genau.

In dem hier beschriebenen Beispiel legte ich die notwendigen Hilfsmittel schon vor der eigentlichen Finsternis bereit und lud meine Kerzen und das Räucherwerk energetisch auf. Das nahm ungefähr eine Stunde in Anspruch, da ich viele verschiedene Probleme behandeln wollte. Dann führte ich zu Beginn der Mondfinsternis ein vorbereitendes Ritual im Freien durch und brachte der Gottheit eine Opfergabe von Milch, Honig und Räucherwerk dar. Dazu benötigte ich etwa fünfzehn Minuten. Als die Finsternis ihren Höhepunkt erreichte (zum astronomisch errechneten Zeitpunkt), zog ich die Energien in das Ritual hinein. Und am Ende der Mondfinsternis versiegelte ich schließlich die Kräfte, mit denen ich an diesem Tag gearbeitet hatte.

Vor dem Ritual setzte ich mich mit einem Stapel Karteikarten an den Tisch und dachte sorgfältig darüber nach, wie ich die Energien der Mondfinsternis nutzen wollte. Der Mond stand im Löwen und war voll – ein doppelter Energieschub. Ich entschied mich dafür, meine Finanzen, meine Karriere, mein Zuhause und meine magische Gruppe zu schützen. Sicher, es gab noch andere Dinge, die ich mit dieser Finsternis hätte tun können (und tat), doch hier konzentrieren wir uns auf das Thema Schutz. Ich schrieb meine spezifischen Wünsche auf die Karten, nach Themen getrennt. Auf die letzte Karte schrieb ich das Wort »Erfolg«. Ich wählte vier dicke Kerzen (in Rot, Schwarz, Grün und Purpur) und eine Spitzkerze (in Gelb) – Rot, damit sich die Dinge vorwärts bewegen, Schwarz, um meine Interessen zu schützen, Grün für Heilung im Laufe der nächsten sechs Monate und Purpur zur Stärkung meiner Spiritualität. Die letzte – spitze – Kerze stellte ich in die Mitte des Tisches. Das war die Erfolgs-Kerze, die ich dazu benutzte, die Energien der anderen Kerzen miteinander zu verbinden.

Auf die rote und grüne Kerze zeichnete ich die Symbole von Jupiter (expandierende Kraft), Merkur (ungehindertes Fließen) und Venus (universale Liebe). In die schwarze Kerze ritzte ich das bannende Pentagramm (um Negativität zu bannen). Auf jede der Kerzen ritzte ich außerdem das astrologische Symbol für den Mond und für den Löwen, da sich der Mond im Sternzeichen Löwe befand. Ich lud alle Symbole mit magischem Öl auf. Dann mischte ich verschiedene Kräuter und Räucherharze: eine Mischung für das Ritual selbst und die zweite in erster Linie für Schutz. Ich benutzte dazu die grundlegenden Räuchermischungen, die in diesem Buch beschrieben sind, und fügte folgende Kräuter hinzu: Fingerkraut (da ich zwei Gerichtsprozesse am Hals hatte), Holunderblätter (um besonders negative Energien zu bannen) und Sauerampfer (um finanziellen Wohlstand zu vermehren). Dann gab ich ein wenig vom ersten Räucherwerk auf jede Kerze. Schließlich legte ich meine Karteikarten unter die entsprechenden Kerzen, damit ich mich bei der Durchführung des Rituals an die Energien erinnern konnte, mit denen ich arbeiten wollte.

Ein paar Minuten vor Beginn der Mondfinsternis ging ich mit einem Glas Milch, einem Stück Brot mit Honig, meinem Schutzräucherwerk, etwas Räucherkohle und einem Beutel mit Morganas Schutzpulver ins Freie. Der Vollmond stand klar und leuchtend am nächtlichen Himmel. Doch als ich die Milch und das Brot auf meinen Altar im Garten legen wollte, musste ich feststellen, dass mein Vater den Altar wegen der eisigen Temperaturen in den Schuppen gebracht hatte. Na gut. Stattdessen stellte ich die Milch und das Brot auf den Boden und brachte diese Gaben schweigend der Gottheit dar. Dann zündete ich die Räucherkohle an und wartete, bis das Räucherwerk zu brennen begann. Sehr langsam hob ich die Schale so weit hoch, dass ich über den Rand hinweg den Mond sehen konnte, eingerahmt vom Rauch meines Räucherwerks.

Während ich meine Gebete sprach, begab ich mich in den Alpha-Zustand. Anschließend schritt ich im Uhrzeigersinn das Grundstück ab und streute dabei das Schutzpulver. Ich achtete darauf, unsere Autos mit dem Pulver zu bestäuben, jede Seite des Hauses und alle Türen. Dann ging ich zu meinem Ausgangspunkt zurück, dankte der Gottheit und legte noch etwas Räucherwerk auf die Kohle. Ich ließ die Kohle in der Schüssel auf einem großen, flachen Stein ausbrennen. Der erste Teil des Rituals war damit vollendet.

Dann ging ich zum zweiten Teil des Rituals über: Ich zog einen Schutzkreis, rief die Gottheit an, lud die Kerzen zusätzlich magisch auf und zündete sie an. Dann schloss sich eine Periode des Aufbauens der Energie und der Meditation an. Während ich jede einzelne Kerze mit neuer Energie auflud und über ihr betete, war mein Fokus auf das gerichtet, was auf meinen Karteikarten geschrieben stand. Zum Schluss hob ich den Kreis auf und gab die Energien in die Kerzen zurück.

Den dritten Teil des Rituals führte ich genau in dem Augenblick durch, in dem die Mondfinsternis astrologisch »beendet« war. Ich betete erneut, wobei ich meine offenen Handflächen den brennenden Kerzen zuwandte, und ging dann im Uhrzeigersinn um das Haus herum, wobei ich erneut um Schutz bat. Diesmal streute ich Meersalz aus, um eine letzte Barriere gegen Negativität zu bilden.

Der hier beschriebene Ablauf war ein elementares, spontanes Ritual, da ich nicht nach Manuskript arbeitete oder sprach, sondern nur meine Intuition benutzte. Ich begann das Ritual, als es sich für mich richtig anfühlte, und sagte das, was mir angebracht erschien. Da ich keinerlei Zorn in meinem Herzen hatte, verlief das Ritual reibungslos. Die Zeit des Zorns über verschiedene Ereignisse, die der Durchführung meines Rituals zugrunde lagen, war vorbei, und während der Arbeit war ich auf die Energie vorbeugenden Schutzes für die Zukunft konzentriert.

Falls dir jetzt der Kopf raucht und du das Gefühl hast, dass dieses Ritual einfach zu kompliziert für dich ist – mach dir keine Sorgen. Irgendwann möchtest du vielleicht einmal etwas Intensiveres ausprobieren, und dann brauchst du dir als Anleitung nur die Einzelheiten dieses Rituals anzuschauen.

3

Das Bannen kleinerer Irritationen

Wenn du Schritte hörst
in der Nacht,
und von Zweifel und Angst
heimgesucht wirst,
dann bleibe stark
in dieser schwärzesten Stunde,
denn für die Hexe
bedeutet ihre Angst Macht.

DAVID NORRIS, © 1998

Wir alle erleben hier und da größere und kleinere Verletzungen. Es wäre töricht, bei jedem kleinen Ereignis, das nicht unseren Erwartungen entspricht, einen Zauber durchzuführen; doch gleichzeitig sollten wir uns nicht wie ein Kaninchen vom Scheinwerferlicht bannen lassen, wenn der rumpelnde Lastzug des Verderbens auf uns zurast, um uns zu Schutt und Asche zu pulverisieren.

Lass dich von der Einfachheit der Zaubersprüche in diesem Kapitel nicht täuschen. Erfolgreiche Arbeit muss nicht unbedingt kompliziert sein. Manchmal genügt schon ein Schnippen mit den Fingern, um wilde Hunde davon abzuhalten, deine Zehen anzuknabbern – solange du die folgenden Grundsätze beachtest:

- Lass dich nicht in Panik versetzen.
- Schätze die Situation nüchtern ein.
- Schreite beherzt zur Tat.
- Ziele nie auf Unschuldige.

Praktische Tipps

Alle Zaubersprüche in diesem Kapitel (und im nächsten) zielen darauf ab, negative Einflüsse abzuwenden, Angriffe zu stoppen und sich selbst zu verteidigen. Sie sollten nicht dazu benutzt werden, unschuldige Personen anzugreifen. Tust du es doch, wirst du diejenige sein, der es schlecht ergeht. Bei jedem Ritual, das du durchführst, um Negativität zu ihrem Urheber zurückzuschicken (vor allen Dingen dann, wenn du genau angeben musst, um wen es sich dabei handelt), solltest du unbedingt Folgendes beachten:

* Nimm zuerst ein gründliches Reinigungsritual vor.
* Verbinde deinen Ruf nach Gerechtigkeit mit einem heilenden Ritual oder Spruch für die Person, die zum Opfer der Ungerechtigkeit geworden ist.

Versuche nach jedem Zauberspruch eine positive Affirmation zu formulieren und zünde eine weiße Kerze an, während du um weitere Heilung bittest.

Einfache Volkszauber für kleine Probleme

Die Ebene der verwendeten Magie sollte immer der Ernsthaftigkeit und Schwere des Problems entsprechen. Es wäre töricht, bei jeder kleinen Schwierigkeit oder Auseinandersetzung, die sich auch mit gesundem Menschenverstand oder ein paar wohl platzierten Worten erledigen lässt, ein umfangreiches Ritual durchzuführen. Wenn du das Gefühl hast, Magie täte not, doch noch nicht so weit bist, einen kompletten Altar aufzubauen oder eine dreistündige Trommelzeremonie durchzuführen, dann findest du hier im Anschluss ein paar sehr einfache Lösungen für kleinere Probleme.

- Drehe deine Bluse nach links und schlage damit auf eine Tür, um Klatsch und Tratsch an ihre Urheber zurückzuschicken. Zünde eine weiße Kerze an und sage: »Hebe mich über das Meer unfreundlicher Worte, Große Mutter. Bringe mir Frieden, Harmonie und Wohlwollen.«

- Nimm mit rotem Garn dein Maß (von Kopf bis Fuß) und verbrenne es anschließend, um dich von der Negativität zu befreien, die sich im Verlauf einer besonders schwierigen Zeit ansammeln kann. Zünde eine weiße Kerze an und sprich die folgenden Worte: »Reinigt mich von aller Negativität, Herr und Herrin. Lasst mich in Wahrheit, Ehrlichkeit und Freude meinen Weg gehen.«

- Fülle eine Tasse mit Erde und stelle diese in die Ecke des meistbenutzten Raums in deinem Heim. Halte die Hände über die Tasse und bitte das Element Erde, die Negativität aus deinem Heim (oder deinem Leben) zu entfernen. Lass das Gefäß mit der Erde sechs Tage lang auf deinem Altar stehen. Wirf den Inhalt anschließend weg.

- Schreibe den Namen der Person (oder Personen), die dir nicht wohl will/wollen, auf ein Stück Papier und lege es ins Tiefkühlfach. Zünde eine weiße Kerze an und sprich: »Ich trage große Kraft in mir. Herr und Herrin, segnet mein Heim und beschützt mich in der Stunde der Not.«

- Reinige dein Heim nach einem kleineren Streit mit brennendem Salbei. Zünde eine weiße Kerze an und sprich die Worte: »Große Mutter, erfülle mein Herz, meine Seele, meinen Geist und mein Zuhause mit Frieden, Ruhe und Liebe.«

- Schreibe den Namen der schuldigen Person (oder Personen) auf ein Pik-As. Stecke die Karte in einen Briefumschlag und adressiere ihn an die schlimmste Adresse, die du dir vorstellen kannst. Zünde eine weiße Kerze an und sprich: »Hebt den Fluch negativer Worte und Taten auf, die mich zum Ziel haben, und zerbrecht ihn wie gesplittertes Glas auf der Straße. Oh Herr und Herrin, segnet mich mit eurer göttlichen Intervention. Ich bin voller Vertrauen und von Kraft erfüllt.«

- Lege einen Zettel mit dem Namen der schuldigen Person (oder Personen) in ein Einmachglas. Schütte Essig darüber. Verschließe das Glas gut. Lass den/die Betreffenden in seinem eigenen Saft schmoren. Zünde eine weiße Kerze an und sprich: »Oh Herr und Herrin, sorgt dafür, dass diese Störung, die mich heimgesucht hat, sich auflöst. Ich bin ein starker und kraftvoller Mensch.«

- Um einen kleineren Fluch aufzuheben, uriniere auf einen Ziegelstein und lege diesen ins Freie neben deine Haustür oder die Eingangsstufen. (Zu eklig für dich? Aber es funktioniert!) Zünde eine weiße Kerze an und sprich: »Möge die böse Energie sich mit einem Zischen in der Flamme auflösen. Niemand kann mich von einem ehrenwerten Ziel abhalten.«

- Um übersinnliche Angriffe abzuwehren, solltest du sanfte Meditationsmusik spielen. Zünde eine weiße Kerze an und sage: »Eilt herbei, Legionen der Engel, und beschützt mich. Ich bin mit gesundem Menschenverstand gesegnet.«

- Schreibe das Wort »Gerechtigkeit« in die Fußspuren derjenigen Person, die dir Schaden zugefügt hat. Zünde eine weiße Kerze an und sprich: »Hilf mir, Großer Vater, in meiner Stunde der Not. Möge Gerechtigkeit die Person zu Fall bringen, die mir Schaden zugefügt hat. Möge weise Gerechtigkeit den Sieg davontragen.«

- Hier noch eine etwas modernere Variante: Sorge dafür, dass der Schatten der Person, die dir geschadet hat, auf einen Haftnotizzettel fällt. Wirf den Zettel anschließend in die Toilette. Zünde eine weiße Kerze an und sprich: »Der Schatten des Selbst ist das Selbst. Ich banne (Name der Person) aus meinem Leben. Wasser, wasche, Wasser, fließe, bis (Name der Person) verschwindet. Ich lebe jeden Tag aufs Neue im Licht der universalen Harmonie.«

- Banne negative Einflüsse, indem du diese auf ein Stück Toilettenpapier schreibst. Wirf es in die Kloschüssel. Füge Toilettenreiniger hinzu. Spüle. Zünde eine weiße Kerze an und sprich die Worte: »Ich setze jegliche negative Energie mit Wasser und Seife außer Kraft. Das Böse sinkt wie ein leckgeschlagenes Boot. Stark und wahr überstehe ich diesen Sturm.«

- Schreibe das Problem auf ein Stück Papier, zerreiße es in drei Teile und wirf diese in die Mitte einer Straßenkreuzung. Bitte die Göttin Hekate, das Problem verschwinden zu lassen. Dann zünde eine weiße Kerze an und sage: »Dunkle Mutter, süß und göttlich, Königin der Nacht, sieh mein Zeichen. Ich werde alle Hindernisse auf meinem Weg überwinden und daran erstarken.«

- Mische eine Locke deines Haars mit Holunderblättern, gehe damit ins Freie und blase das Haar und die Blätter aus deiner Hand, wobei du sprichst: »Was gefesselt war, ist nun frei.«

- Schneide eine Zitrone in zwei Hälften. Nimm eine Dusche. Reibe dich mit dem Zitronensaft ein, um alle Negativität zu beseitigen, und spüle dann mit klarem Wasser nach. (Dies ist übrigens ein wunderbarer morgendlicher Wachmacher, besonders dann, wenn du dich deprimiert fühlst.) Zünde eine weiße Kerze an und sprich: »Sanfte Zitrone mit großer Reinigungskraft, entferne alle Negativität aus meinem Körper, meiner Seele und meinem Geist. Befreie mich von allem Bösen. Ich gehe mit Vertrauen und innerer Kraft in den Tag.«

- Stelle eine Geburtstagskerze in eine Schüssel mit Erde, zünde sie an, blase sie aus und zerbrich sie. Wirf die angebrannte Hälfte weg. Zünde die verbleibende Kerze erneut an und sage dazu: »Alle Negativität in meinem Umfeld ist zerbrochen. Ich bin erfüllt vom liebevollen Licht des Universums.« Wenn die Kerze abgebrannt ist, wirf die Erde weg.

- Dein Geschäft läuft gerade nicht so gut? Zermahle trockene Zwiebel- und Knoblauchschalen zu einem feinen Pulver. Füge eine Prise braunen Zucker hinzu. Verbrenne die Mischung auf einem Stück Räucherkohle, um alle Negativität aus deinem Laden zu verbannen. Dann lege eine Kastanie in die Nähe der Kasse. Dieser Zauber wirkt einen Monat lang.

Stress beseitigen

Wenn wir uns im Zentrum einer negativen Situation oder Krise befinden, tendieren wir dazu, die kleinen Dinge schwe-

rer zu nehmen als nötig. Hier sind ein paar Vorschläge und Ideen, die dir helfen können, dich zu entspannen und Stress zu beseitigen.

- Reinige dein Haus oder deine Wohnung mit brennendem Salbei und geweihtem Wasser.
- Vergiss nicht, dir regelmäßig ein spirituelles Bad oder eine Dusche zu genehmigen.
- Nimm täglich deine spirituellen Andachtsrituale vor.[1]
- Zünde zunächst eine schwarze Kerze an, um Negativität abzuwenden, und dann eine weiße, blaue oder violette Kerze, um spirituelle Harmonie zu erzeugen.
- Koche Basilikum in einem kleinen Topf auf dem Ofen.
- Streue in die Ecken von Keller und Speicher eine Mischung aus zerstoßener Angelikawurzel, Rosmarin und Basilikum (alles Kräuter, die du in jedem Lebensmittelladen kaufen kannst).
- Nimm dir jeden Tag mindestens fünf Minuten Zeit zum Meditieren. Visualisiere, wie Frieden, Wohlstand und Freude in dein Heim einkehren. Ich stelle mir dabei immer eine friedliche Szene vor, wie zum Beispiel einen unberührten weißen Strand und sanfte, ans Ufer plätschernde Wellen.

All diese Vorschläge hören sich ziemlich einfach an, nicht wahr? Es mag sogar den Anschein erwecken, als seien sie die Zeit nicht wert, die du darin investieren musst, weil sie viel zu simpel erscheinen.

Doch lass dich von dem Mangel an Ausschmückung nicht täuschen – sie funktionieren!

---

[1] Weitere Informationen über tägliche Andachten findest du in meinem Buch *Zauberschule der Neuen Hexen: Sprüche und Beschwörungen*. München: Heyne, 2002.

Praktischer Tipp

Zweifarbige Kerzen sind gut für Kombinationsmagie. Normalerweise hat die obere Hälfte dieser Kerzen irgendeine belie-
bige Farbe, während die untere schwarz ist. Solche Kerzen
sind meist schwer zu finden. Um dieses kleine Dilemma zu
lösen, kannst du einfach zwei Kerzen aufeinander stellen. Falls
du keine schwarze Kerze hast (auch diese sind etwas schwer
aufzutreiben), nimm eine braune. Geh nach folgender Regel
vor:

Grün und Schwarz – Erfolg, Glück und Geldprobleme
Rot und Schwarz – Liebe, Probleme mit Sexualität oder
persönlicher Kraft
Weiß und Schwarz – Persönliche Reinigung oder die von
Geschäft und Haus (Wohnung).

Verquere Zustände

Ein verquerer Zustand ist dann gegeben, wenn die Energie in
deinem Umfeld irgendwie Amok läuft und du statt Harmonie
alle möglichen Rückschläge, negativen Umstände oder eine
unglaubliche Folge von befremdlichen Ereignissen erlebst.
Bevor du nun in Panik gerätst und denkst, dass jemand dich
verflucht hat, bedenke, dass ein derart verquerer Zustand aus
folgenden Gründen eintreten kann:

- Du hast nicht auf deine Instinkte gehört und bist blindlings
  vorwärts gestürmt.
- Du hast nicht auf den Geist gehört, der dich dringend auf-
  forderte, eine andere Richtung einzuschlagen.
- Vielleicht hast du auch bereits vor deiner Geburt um diesen
  Zustand gebeten, damit er dir als Katalysator dazu dient,

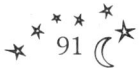

dich zu ändern oder etwas zu erschaffen, das viele Menschen auf eine positive Art beeinflusst. Das bedeutet, dass das Feuer unter deinem Allerwertesten einen Sinn hat. Du kannst feststellen, ob dem so ist, indem du dir von einem Astrologen dein Geburtshoroskop und ein Transithoroskop erstellen lässt, um herauszufinden, was die Faktoren sind, die zu deiner gegenwärtigen Situation beitragen.

Es wird dir nichts nützen, einfach nur ein magisches Ritual durchzuführen, um einen verqueren Zustand zu beenden, wenn du das Problem oder die Situation nicht zu einer Lösung bringst. Die verqueren Bedingungen werden immer wieder auftauchen, bis du dich endlich entscheidest, aktiv zu werden – und dich darum bemühst, das Problem zu lösen.

Farben entwirren

In der magischen Welt gibt es viele unterschiedliche Lehren, daher überrascht es nicht, dass wir bei der Durchsicht verschiedener Schriften zahlreiche Farbkombinationen finden, mit deren Hilfe ein verquerer Zustand aufgelöst werden kann. Einige Magier ziehen den Gebrauch zweifarbiger Kerzen vor, während andere lieber einzelne Farben verwenden. Dabei wiederum entscheiden sich manche für Purpur- und Blautöne, andere eher für Gelb, Orange und Braun. Dabei sollen die Farben Orange und Gelb positive Schwingungen erzeugen und die Dinge vorantreiben, während die braune Farbe benutzt wird, um alle negativen Energien zu bannen, die sich vielleicht irgendwo eingenistet haben. Purpur und Schwarz wenden sich an die höhere Oktave von Energie. Es ist hilfreich, eine weiße Kerze anzuzünden, nachdem die magische Arbeit vollendet ist, und gleichzeitig mit lauter Stimme eine positive Affirmation zu formulieren, die deine zukünftige Intention widerspiegelt.

Umkehrungen

Viele Zaubersprüche in den folgenden Kapiteln fallen unter die Kategorie der »Umkehrung«, was bedeutet, dass wir Energie an den Urheber zurückschicken, statt ein Problem mit unserer eigenen negativen Energie noch zu vergrößern. Ob du dabei den Namen der Person, die dir Schlimmes antut, benutzen möchtest oder nicht, liegt ganz bei dir. Einige magisch Praktizierende sind der Ansicht, man sollte niemals einen anderen Menschen direkt anvisieren (schicke einfach die Energie zurück, das reicht), andere dagegen glauben, dass es vollkommen angebracht ist, den Schrott direkt an die Person zurückzugeben, die damit angefangen hat, und wieder andere vertreten den Grundsatz »Auge um Auge, Zahn um Zahn«. Das alles kann sehr leicht zu einer Glaubensfrage werden, was ich persönlich zu vermeiden versuche. Wie ich selbst es halte? Ich habe den Mond im Schützen, sitze also gern zwischen den Stühlen, womit ich sagen will: »Hier musst du deine eigene Entscheidung treffen, meine Liebe.«

Flüche

Falls du glauben solltest, jemand habe dich verflucht – stopp! Echte Flüche – wirkliche Verfluchungen – sind extrem selten. Den meisten Menschen fehlt es an der notwendigen magi-

schen Erfahrung und Zeit, dich mit einem guten Fluch zu versehen, und falls sie doch darüber verfügen sollten, sind sie höchstwahrscheinlich gut ausgebildet, was bedeutet, dass du die Zeit nicht wert bist, die solch ein Unterfangen kostet (es sei denn, du hättest etwas wirklich Schreckliches getan, und dann verdienst du es wohl auch, verflucht zu werden). Spaß beiseite – die meisten Menschen, die glauben, auf ihnen laste ein Fluch, leiden in Wahrheit unter Minderwertigkeitsgefühlen oder sonstigen psychischen Problemen, und der Fluch existiert in Wirklichkeit nur in ihrem Kopf.

Natürlich mag er den Betreffenden als sehr real erscheinen, doch das liegt daran, dass sie ein von ihnen selbst ins Leben gerufenes Monster nähren. Ich habe festgestellt, dass es sehr wirkungsvoll ist, solche Menschen in Kontakt mit ihrem Schutzengel zu bringen und ihnen zu helfen, ihren eigenen spirituellen Plan zu entwickeln, der sich auf positive Affirmationen, einfache Rituale, Meditation und Gebet konzentriert.

Leider ist es oft einfacher zu glauben, dass man verflucht ist, als die harte Arbeit der spirituellen Entwicklung auf sich zu nehmen, und häufig werden Menschen in einer solchen Situation daher deine Vorschläge ablehnen. In diesem Fall verdrängen die Betreffenden ihre Probleme (soweit ich weiß, ein einfacher psychologischer Mechanismus und nicht das Resultat eines Fluchs). Das beste Vorgehen in einem solchen Fall besteht darin, den Betreffenden zu jemandem zu schicken, der ihm wirklich helfen kann (beispielsweise einem Psychotherapeuten oder anderen Arzt), und in der Zwischenzeit für ihn zu beten.

Und schließlich hüte dich vor Leuten, die behaupten, dass ein Fluch über *deinem* Kopf hängt. Vielleicht sagen sie es nur, um dich zu erschrecken, aber möglicherweise sind sie auch darauf aus, damit Geld zu machen. Wenn jemand in Bezug auf einen Fluch lügt, verflucht er in Wirklichkeit nur sich selbst. Das Karma wendet sich gegen ihn, und du kannst dein Leben

fröhlich weiterführen wie bisher. Falls die Bemerkung dich wirklich ernsthaft beunruhigen sollte, nimm ein Reinigungsritual vor, und dann vergiss die ganze Angelegenheit.

Bleib-cool-Zauber

Wenn negative Dinge passieren, wünschen wir uns manchmal, dass die Ereignisse einfach so lange eine Pause einlegen, bis wir wieder zu Atem kommen und die Situation klar durchdenken können. Außerdem möchten wir diese Zeit vielleicht nutzen, um die Initiative zu ergreifen. In Wut zu geraten ist in einer solchen Situation nicht das Richtige. Dieser kleine Zauber hilft dir, cool zu bleiben.

Der Rosenkranz diente der Verehrung der Rose, die im alten Rom als Blume der Venus und Erkennungszeichen ihrer Dienerinnen, der sakralen Prostituierten, bekannt war.[2] Während die rote Rose Sexualität repräsentierte, war die weiße Rose (oder die Lilie) ein Symbol für Reinheit. Die Christen übernahmen diese beiden symbolischen Blumen und veränderten ihre Bedeutung so, dass sie in den neuen Glauben passte. Manche Forscher sind der Ansicht, dass die Rose zu-

---

[2] Barbara Walker: *Das geheime Wissen der Frauen*. Frankfurt/Main: Zweitausendeins, 1993.

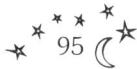
erst in Indien benutzt wurde, wo die Große Mutter als Heilige Rose bezeichnet wurde. Daher ist es kein Wunder, dass der magische Symbolgehalt der Rose Leidenschaft, reine Liebe, Freundschaft und Sexualität umfasst. Die Kombination von Honig, Rose und Quellwasser in diesem Zauber führt zu geistiger Reinheit in vollkommener Liebe und vollkommenem Vertrauen und sorgt dafür, dass du dich entspannen, klar sehen und ein wenig Zeit gewinnen kannst, um deine Situation zu überdenken.

Benötigte Materialien: Die betreffende Situation, auf einem kleinen Stück Papier beschrieben; zwei kleine Tassen (oder Gläser); drei Prisen Meersalz; Quellwasser; eine Locke oder Strähne deines Haares; drei Tropfen Honig; ein Rosenblütenblatt.

Anleitung: Falte das Papier dreimal. Lege es auf den Boden der ersten Tasse. Streue Meersalz darüber. Schütte Wasser darauf. Lege die Haarlocke in die zweite Tasse. Füge zunächst drei Tropfen Honig hinzu und dann das Rosenblütenblatt. Bedecke das Ganze mit Quellwasser. Sprich folgende Worte:

**Zeit steht still, Hass tropft hinab
in den weiten, eisigen See der Unterwelt.
Weisheit kommt, Furcht entflieht,
Ich habe Zeit, überlegte Entscheidungen zu treffen.
Zeit steht still, Hass tropft hinab
in den weiten, eisigen See der Unterwelt.
Sanfte Brisen, starke Fröste,
ich habe Zeit, auf die Stimme der Vernunft
zu hören.
Zeit steht still, Hass tropft hinab
in den weiten, eisigen See der Unterwelt.
So sei es.**

Zeichne ein Kreuz mit gleich langen Balken (Seite 55) über beide Tassen oder Gläser in die Luft, um den Zauberspruch zu besiegeln. Stelle beide Behälter in das Tiefkühlfach. Taue die Tassen und ihren Inhalt auf, wenn du bereit bist, logisch mit der Situation umzugehen.

Um diesen Zauber zu verstärken:

- Saturn, der Planet der Begrenzung, kann dir helfen, die Dinge ein wenig zu verlangsamen, damit du Zeit zum Atemholen gewinnst. Der Tag des Saturns ist der Samstag.
- Benutze bei deinem Zauberspruch einen Rosenkranz und sprich jedes Mal eine Affirmation, wenn du eine Perle berührst.

Praktische Tipps

Der Mond kreist auf einer elliptischen Bahn um die Erde. Der von der Erde am weitesten entfernte Punkt wird Apogäum genannt, der Punkt der größten Erdferne. Der Punkt, an dem der Mond der Erde am nächsten ist, wird Perigäum genannt, der Punkt der größten Erdnähe. Wenn letzterer mit einem Vollmond zusammenfällt, ist die Fähigkeit des Mondes, Energie zu reflektieren, um ein Vielfaches größer. Zu diesem Zeitpunkt sind häufig ungewöhnliche Wetterbedingungen, plötzlich auftretende Unwetter, seltsame Gefühle und eine stärkere Neigung zu Gewalttaten und kriminellem Verhalten zu beobachten. Magier lernen, diese Kraft zu nutzen, um ihre Arbeit zu optimieren und das zu erreichen, was sie sich wünschen.

Schmelzende Misere: Schnee-Magie

Diejenigen unter euch, die in Gegenden mit ausgeprägtem winterlichem Klima leben, sollten einmal versuchen, mit

Schnee zu arbeiten. Zeichne zuerst ein großes Pentagramm
in den Schnee. Stelle dich in die Mitte des Pentagramms und
wiederhole den Spruch von Seite 53 oder einen anderen
Spruch deiner Wahl. Passe deinen Zauber den Wetterbedingungen an. Wenn du zum Beispiel in einer Gegend wohnst,
wo es viel schneit (und nicht so schnell wieder taut), wiederhole den aufgeführten Spruch wortwörtlich. Diejenigen
unter euch, die weiter im Süden leben, wo es nur vereinzelt
Schneestürme gibt und der Schnee innerhalb von ein paar
Tagen oder Wochen taut, sollten den Zauberspruch für einen
bestimmten Zeitraum abändern (einen Tag, drei Tage, sieben Tage etc.). Stelle dich jeden Tag, während das Pentagramm schmilzt, in die Mitte und wiederhole deine Intention, die du mit einer positiven Affirmation abschließt. Gehe
auf den Linien des fünfeckigen Sterns, damit du das Pentagramm nicht zerstörst. Diejenigen unter euch, die in Gegenden leben, wo es zwar oft Temperaturen unter Null, aber
wenig Schnee gibt, sollten ihr Pentagramm mit Steinsalz auf
einer gefrorenen Fläche formen (dafür kommen allerdings
nur Asphalt- oder Betonoberflächen infrage, da das Steinsalz die im Erdboden schlummernden Graskeime abtöten
würde). In Gegenden, in denen es keinen Schnee gibt,
kannst du auch mit zerstoßenem Eis auf einem Teller eine
kleinere Version des Pentagramms formen, deinen Namen
wie auch deinen Wunsch in die Mitte geben und das Ganze
dann ins Tiefkühlfach stellen. Lass das eisige Pentagramm
auftauen, wenn der Zeitpunkt gekommen ist, an dem du zu
Taten bereit bist.

Für einen Eis- und Feuer-Zauber forme ein Pentagramm
auf einem Teller aus Schnee oder gestoßenem Eis und stelle
eine kleine Geburtstagskerze an jede Spitze des Sterns. Besiegle den Zauber mit einem Eiswürfel, den du neben eine der
unteren Spitzen des Pentagramms legst, und dann friere das
Ganze ein. Wenn du bereit bist, den Zauber vorzunehmen,

stelle den Teller auf den Altar und zünde die Kerzen an, wobei du die entsprechenden Anrufungen sprichst. Das eignet sich besonders für eine Zeremonie bei einem Vollmond zum Zeitpunkt seiner größten Erdnähe, wenn du extra viel Kraft brauchst.

Hinweis: Wenn du den Zauber eilig beenden möchtest, schütte heißes Wasser über das gefrorene Pentagramm.

Druck ausüben

Historiker haben die Mistel mit frühen heidnischen Riten in Zusammenhang gebracht, bei denen sie Fruchtbarkeit und das Thema des geopferten Gottes symbolisierte. Ein Volksbrauch, der von der christlichen Kirche übernommen wurde, bestand darin, am Heiligen Abend Mistelzweige auf den Hochaltar zu legen. Allerdings leugneten etliche Kirchenwürdenträger später die Bedeutung dieses Brauchs und behaupteten, dass es nur zufällig Mistelzweige waren, die zum Altar gebracht wurden. Für Magier repräsentiert die Mistel die Kraft von Schutz, Fruchtbarkeit, Gesundheit, Liebe und Exorzismus sowie die Jagd. Bei dem folgenden Zauberspruch verwenden wir ihre exorzistischen und schützenden Eigenschaften. Wenn du möchtest, dass die Dinge in Bewegung kommen, solltest du folgendermaßen vorgehen.

Benötigte Materialien: Ein großes, dickes, schweres Buch; geweihtes Wasser; Salbei; ein Stück Papier, auf dem du das Problem und die gewünschte Lösung (möglichst genau) aufschreibst; zerstoßene Mistel; etwas rotes Garn (ca. 40 Zentimeter lang); 1 rote Kerze.

Anmerkung: Für Klarheit bei einem Liebesproblem Rosenblätter anstatt Mistel benutzen.

Anleitung: Besprenge das Buch mit geweihtem Wasser. Reinige den Arbeitsbereich und das Buch mit brennendem Salbei. Öffne das Buch. Lege das Stück Papier mit deinem Problem in die Mitte des geöffneten Buches. Streue die zerstoßene Mistel über das Papier. Lege das rote Garn so auf die Seite, dass ein Teil des Fadens aus dem Buch heraushängt, wenn es zugeklappt ist. Dieser Faden repräsentiert deine »Befreiung«, falls sich die Umstände nicht so entwickeln, wie du es dir vorstellst. In diesem Fall kannst du den Faden aus dem Buch herausziehen, um den Zauber zu brechen. Halte deine Hände über das geöffnete Buch und sprich die folgenden Worte:

> **Hinauf durch meine Wurzeln, herab durch**
> **meine Flügel,**
> **bis in mein Innerstes vibriert die Kraft.**
> **Durch den stillen Geist, durch den Tanz der Worte,**
> **senke dich auf mich herab, heilige Trance.**
> **Lass alles, was der Gnade hinderlich ist,**
> **jetzt von diesem Ort gebannt sein.**
> **Gesalzenes Wasser, Rauch des Salbei,**
> **beseitigt alle Spuren von Furcht und Zorn.**

Schließe das Buch. Stelle die rote Kerze darauf. Entspanne dich, nimm einen tiefen Atemzug und visualisiere Harmonie in deinem Umfeld. Berühre das Buch mit den Fingerspitzen. Verstärke den Druck deiner Finger, während du folgende Verse rezitierst:

> **Geister des Ostens, Südens, Westens und Nordens,**
> **ich rufe euch an und befehle euch herbei.**
> **Klare Gedanken, reine Gefühle, Veränderung –**
> **möge eure Kraft mich mit diesen**
> **Geschenken segnen.**

Oh Herrin, Königin der Erde und des Meeres,
ich flehe dich an, eile mir zu Hilfe.
Oh Herr der Lüfte, oh Herr des Feuers,
komm und lass meinen Wunsch Wirklichkeit werden.

Oh aufgehende Sonne, oh wirbelndes Licht,
durch diese Arbeit werdet ihr erweckt.
Oh wirbelnder Kegel der Macht,
tu, was ich dir sage.

Druck baut sich auf, der Zauber beginnt,
die Energie bewirkt mein Streben.
Die Geister eilen, die Schlange spricht,
die Toten helfen, dass alles geschieht.

Oh machtvolle Kräfte, ihr seid entlassen
mit Dank von dieser eurer Priesterin.
Oh heiliger Kreis, öffne dich für mich,
auf dass sich alles erfülle.

Sonne, Mond und Sterne, hört mich an –
vereint euch zu meinen Gunsten!
Beseitigt alle Widrigkeiten aus meinem Weg,
dies ist mein Wille, so sei es![3]

Klatsche in die Hände, um den Zauber zu besiegeln. Wenn
dein Wunsch Wirklichkeit geworden ist, verbrenne das Stück
Papier und streue die Kräuter in den Wind.

Um diesen Zauber zu verstärken:

* Nimm ihn an einem Dienstag vor, in der Stunde des Mars.
* Führe ihn am besten bei Vollmond aus.

---

[3] Ein Sprechgesang für alle Gelegenheiten von Jack Veasey.

- Ritze das Symbol von Jupiter (expandierend), Merkur (klare Kommunikation) oder Mars (Tatkraft) in die Kerze.
- Füge der Mischung eine Prise gemahlenen Ingwer hinzu, damit der Zauber schneller wirkt.

Der »Essig der Vier Diebe«

In vielen okkulten Texten, die zwischen 1940 und 1970 herausgegeben wurden, finden sich diverse Rezepte für den »Essig der Vier Diebe«, der aus den Südstaaten stammt. In den Siebzigerjahren, als die New-Age-Welle die Ostküste erreichte, begann diese Mixtur langsam aus den Büchern über Hexenkunst zu verschwinden, wurde aber in New Orleans und Umgebung weiterhin häufig angewandt. Die Rezeptur ist eine unkomplizierte, aber kraftvolle Formel, die alles Böse und alle Negativität umgehend in den Schoß des jeweiligen Urhebers zurückschickt. Benutze den Essig zum Salben von Kerzen, füge einen oder zwei Tropfen hinzu, wenn du Räucherwerk mischst, oder reibe damit Objekte ein, die du als Brennpunkt für das Zurücksenden von Negativität benutzt. Das hier beschriebene Rezept stammt von Morgana, Inhaberin eines Hexenladens in New York. Ich möchte an dieser Stelle hinzufügen, dass einige Versionen des »Essig der Vier Diebe« auch zum Verzehr geeignet sind. Die betreffenden Rezepte enthalten Rot- oder Weißweinessig und Knoblauch.

Achtung: Die folgende Rezeptur ist nicht zum Verzehr bestimmt!

Benötigte Materialien: Ein Ein-Liter-Glasgefäß (leer und sterilisiert); $1/4$ Liter Rotweinessig; 11 Tropfen Vetiveröl; 9 Tropfen High-John-the-Conqueror-Öl (ein im Süden der Vereinigten Staaten sehr beliebtes Allround-Öl); 5 Prisen gemahlener schwarzer Pfeffer; 3 Prisen zerstoßenes Eisenkraut; 3 Prisen Meersalz.

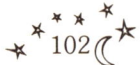

Anleitung: Gib die einzelnen Zutaten in der oben aufgeführten Reihenfolge in das Glas und konzentriere dich dabei auf den Schutz vor Feinden, sowohl in der magischen als auch in der alltäglichen Welt. Verschließe das Gefäß gut und bewahre es trocken und dunkel auf. Der beste Zeitpunkt für die Herstellung dieser Rezeptur ist der Dunkelmond.

Anwendungsmöglichkeiten:

- Tränke Wattebällchen mit dem »Essig der Vier Diebe«, um Geister und böse Einflüsse fern zu halten.
- Reibe eine schwarze oder braune Kerze mit dem »Essig der Vier Diebe« ein, wenn du etwas schützen oder einen Exorzismus durchführen möchtest.
- Sprenkle etwas »Essig der Vier Diebe« auf die Veranda oder Treppe einer Person, die dich belästigt hat, um ihre bösen Intentionen zunichte zu machen.
- Fülle eine kleine Flasche mit der Mixtur. Schreibe darauf den Namen der Person, die du aus deinem Leben verbannen möchtest. Wirf die Flasche in ein fließendes Gewässer.

Spiegelarbeit zur Abwendung von Negativität

Wenn du weißt, dass Negativität mit Riesenschritten auf dich zukommt (zuweilen sind die Schicksalsgötter freundlich genug, uns zu warnen), kannst du mit einem Fluoritkristall und einem kleinen Spiegel eine »Fallen-Matrix« aufstellen. Der Kristall wird magisch so aufgeladen, dass er schädliche Energien auf einen kleinen Spiegel richtet, woraufhin das Universum diese Energien nimmt und dahin schickt, wo sie am besten aufgehoben sind. Die einzige mit diesem Zauber verbundene Warnung bezieht sich auf deine Fähigkeiten zur Konzentration und Fokussierung. Es ist dabei nämlich erforderlich, dass du den Spiegel als eine Art Trichter siehst, in welchem sich die

Energie nur in eine Richtung bewegen kann, und zwar zur Oberfläche, wodurch sich der Spiegel in einen Durchgang verwandelt, durch den Energie nur in eine Richtung fließen kann, nämlich durch den Spiegel und von dir weg.

Darüber hinaus kannst du diese Art von Spiegelarbeit auch verwenden, um Dinge einzufangen, die dich des Nachts behelligen und die sich nicht verflüchtigen, egal was du bisher unternommen hast. In diesem Fall benutzt du den Spiegel als eine Falle, bei der der Durchgang die Funktion von Fliegenpapier hat, an dem die störenden Geister kleben bleiben. Dann vergrabe den Spiegel irgendwo im Freien, außerhalb deines Grundstücks und möglichst so, dass er nicht gefunden werden kann. Danach solltest du einen gründlichen Hausputz vornehmen.

Spiegel und andere reflektierende Oberflächen wurden früher als Seelenfänger und Durchgänge zur Geisterwelt betrachtet. Das ägyptische Wort für »Leben« war synonym mit dem Wort für »Spiegel«. Magisch Praktizierende haben seit jeher Spiegel benutzt, um hinter die Dinge sehen zu können, da sie glaubten, dass ein Spiegel, der die physische Welt reflektieren kann, auch in der Lage ist, sowohl die Vergangenheit als auch die Zukunft widerzuspiegeln, wenn er in spezifischer Weise eingestimmt wird.

Negativen Klatsch stoppen

Die Menschen klatschen, weil sie mit ihrem eigenen Leben nicht zufrieden sind und daher das dringende Bedürfnis verspüren, ihr Elend weiterzugeben, indem sie andere Menschen unglücklich machen. Falls du die bisher beschriebene Volksmagie angewandt hast und keinen Erfolg damit hattest, findest du nachfolgend einen stärkeren Zauber, den ich für meine Tochter entworfen habe, als sie an ihrer Schule eine besonders schwierige Zeit durchmachte, weil einige ihrer Mitschülerinnen offensichtlich darauf aus waren, ihren Ruf zu zerstören.

Benötigte Materialien: 4 schwarze Kerzen; Schutzöl (siehe Seite 35); ein Bild von dir; Salz; die Namen der Personen, die Gerüchte über dich verbreiten (falls du ihre Namen nicht kennst, ersetze sie durch die Formulierung: »Aller negative Klatsch über mich hört sofort auf«, und schreibe dies auf ein Stück Papier); 1 rote Kerze.

Anleitung: Salbe die schwarzen Kerzen mit dem Schutzöl, und zwar von unten nach oben. Stelle die Kerzen um dein Bild herum auf. Ziehe einen Kreis aus Salz um die vier Kerzen, sodass der Kreis sowohl die Kerzen als auch dein Bild einschließt. Zünde die Kerzen an. Sprich die folgenden Worte:

> **Oh Große Mutter, es gibt Menschen,**
> **die unwahre Dinge über mich verbreiten.**
> **Jene, die sich selbst als die Herrscher und**
> **Herrscherinnen**
> **von (Schule, Arbeitsplatz, Familie etc.)**
> **betrachten,**
> **haben sich gegen mich verschworen.**
> **Sie haben jene, die an der Macht sind,**
> **dazu verleitet, mir zu schaden.**
> **Sei mein Schutzschild, Große Mutter.**
> **Erhebe dich und bedecke mich mit deiner**
> **Herrlichkeit.**

Lege das Papier mit den Namen der Personen, die versuchen, dich zu vernichten, unter die rote Kerze. Zünde die Kerze an. Halte beide Hände über die Kerze (aber nicht zu nah an der Flamme) und sprich:

> **Zerbrich ihre Macht über mich,**
> **zerreiße die physischen und astralen Stränge**

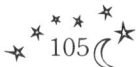
negativer Energie, mit denen sie mich gefangen
halten.
Stelle mir Werkzeuge zur Verfügung,
um für meinen Ruf zu kämpfen.
Schau auf sie hinab, Große Mutter.
Lass sie deinen Zorn fühlen,
sende ihre negative Energie an sie zurück
und lass sie in tausend Stücke zerspringen.
Im Namen des Herrn und der Herrin,
so sei es!

Klatsche in die Hände und erkläre dann mit hörbar lauter
Stimme:

Dieser Zauber ist besiegelt!

Lass die Kerzen völlig niederbrennen. Du kannst diesen Zauber täglich ausführen, bis du das Gefühl hast, dass du nicht mehr die Zielscheibe negativer Energien bist.

Um diesen Zauber zu verstärken:

- Nimm ihn an einem Freitag in der Stunde der Venus oder des Merkur vor.
- Ritze die Symbole von Venus und Merkur in die Kerzen.
- Bereite ein »Zurück-an-den-Absender-Pulver« zu und verstreue es an den Orten, von denen du weißt, dass sich der Klatsch von dort aus verbreitet. Zutaten: gelber Puder; Rose (Schutz); Weihrauch (Schutz); Vetiver (macht Flüche unwirksam); Geißblatt (Schutz); Angelikawurzel (macht Flüche unwirksam); Distel (macht Flüche unwirksam).
- Verbrenne das Papier mit dem/den Namen und verstreue die Asche im Wind. Sprich dazu: »Ich war gebunden, jetzt bin ich frei.«

Dem herablassenden Verhalten anderer Menschen Einhalt gebieten

Es gibt nichts Irritierenderes, als wenn dich jemand wegen deines Alters, deines Geschlechts, deiner Religion, deiner Erziehung oder deiner Hautfarbe herablassend behandelt. Versuche es mit dem folgenden Zauberspruch, um solchem Verhalten Einhalt zu gebieten.

Benötigte Materialien: Vier weiße Kerzen; eine Zwiebel; ein schwarzer Stift; ein Mörser und Stößel; ein wenig Basilikum; ¼ Teelöffel brauner Zucker.

Anleitung: Zünde bei Vollmond die vier weißen Kerzen an und bitte den Geist und deine Ahnen um Hilfe. Häute die Zwiebelschichten bis zum innersten Kern. Stell dir dabei vor, wie die gegen dich gerichtete Diskriminierung weggeschält wird. Hebe die Zwiebelschichten auf. Vergrabe die Zwiebelstücke beim nächsten Vollmond, nicht jedoch die äußeren braunen Schalen. Schreibe den Namen der betreffenden Person/en mit dem schwarzen Stift auf die Zwiebelschalen. Zerstoße die Schalen, das Basilikum und den braunen Zucker im Mörser zu einer sehr feinen Mischung. Halte die Hände über diese Mixtur und sprich dabei:

Du denkst, du bist klug,
du denkst, du bist überlegen,
doch dieses magische Pulver
wird dir Einhalt gebieten!

Sprenkle das magische Pulver auf einen Weg, von dem du weißt, dass der Betreffende dort entlanggeht. Solltest du dich mit einem besonders unangenehmen Fall von Diskriminierung

konfrontiert sehen, füge der Mischung scharfen roten Pfeffer hinzu.[4]

Hässlichkeiten im Internet

Auch wenn ich das Internet für Informationssuche, Werbung und allgemeine Kommunikation sehr sinnvoll finde, habe ich doch festgestellt, dass es bei manchen Menschen die schlimmsten Seiten zum Vorschein bringt, vor allem bei jenen mit geringer Selbstachtung. Die Anonymität des Internets und die Freiheit, die es dem einsamen Benutzer bietet, lässt manche Leute denken, dass sie einem so ziemlich alles sagen können, was ihnen in den verqueren Sinn kommt, nur weil man sie nicht sehen oder durch den Bildschirm langen und ihnen eine knallen kann. Außerdem ist mir aufgefallen, dass nicht jeder, der tippen kann, auch schreiben kann. Oft kommt es vor, dass Bemerkungen, die ein Nutzer beim Schreiben für völlig harmlos hält, etwas über die ganze Welt verbreiten, was der Schreiber *so* überhaupt nicht gemeint hat. Schon viele Internetbekanntschaften sind aufgrund solch missverstandener Bemerkungen, die sich in Nullkommanichts in einen bösen Streit verwandeln, vorschnell beendet worden. Und dann gibt es noch die feigen Typen (ich war schon mehr als einmal Opfer solcher Leute), die deine E-Mails kopieren, Dinge nach eigenem Gutdünken wegnehmen oder hinzufügen und diese Informationen an andere Leute weiterschicken, so als ob das Geschriebene urspünglich von dir stammen würde. Da wir Menschen die Gewohnheit haben, Dinge für bare Münze zu nehmen, vergessen wir häufig, dass es manchen Leuten Spaß macht, auf unsere Kosten schlechte Scherze zu treiben.

---

[4] Weitere Informationen über magische Pulver findest du in meinem Buch *Zauberschule der Neuen Hexen: Magie und Macht.* München: Heyne, 2002.

Wenn ein Streit ausbricht, ist die erste Regel die, sich einfach herauszuhalten. Was ist dein Gegenüber schon anderes als Worte auf dem Bildschirm? Ich weiß, es geht dir unter die Haut, doch in ein paar Tagen wirst du das Ganze (hoffentlich) vergessen haben. Falls du dich von der Situation wirklich so sehr betroffen fühlst, dass du nicht mehr schlafen kannst, versuche es mit dem folgenden Zauber.

Benötigte Materialien: Eine Kopie der E-Mail, Information oder Webseite.

Anleitung: Falte das Papier in die Form eines Schiffchens. Lass deiner Kreativität dabei freien Lauf! Wenn du die Möglichkeit hast, an einen Teich oder Fluss (oder sogar ans Meer) zu gehen, wunderbar! Wenn nicht, dann fülle das Waschbecken oder die Badewanne mit Wasser. Wirf dein kleines Boot ins Wasser und sage dabei:

> **Macht des Sturms und Neptuns Wut,**
> **ich schicke die negative Energie zurück.**
> **Worte, die im Cyberspace flogen,**
> **Worte, die auf dem Wasser treiben,**
> **dank Neptuns Strafe sinkt ihr hinab.**
> **Sie schlittern nun um dich herum**
> **auf deinem Deck, auf deinem Boot;**
> **sie machen immer stärker Druck,**
> **von Backbord bis Steuerbord und –**
> **oweh – du hast dein eigenes Schiff**
> **versenkt!**

Versenke das Boot. Du kannst davon ausgehen, dass die Betreffenden eine Zeit lang nicht im Internet zu finden sein werden. Das Ganze funktioniert natürlich nur, wenn nicht etwa du selbst den Streit begonnen hast!

Albträume

Wir alle haben hier und da Albträume, doch wenn du immer wieder davon geplagt wirst, kann das extrem frustrierend sein. Wenn dein Schlaf regelmäßig von Angst einflößenden Bildern gestört wird, solltest du professionellen Rat suchen, da es bedeutet, dass du ein Problem oder Ereignis aus der Vergangenheit (oder der Gegenwart) unterdrückt hast und dein Unterbewusstsein genug hat von dieser Verleugnung. Gegen gelegentlich auftretende Albträume hilft die folgende segensreiche Schlafmischung.

Mischung für gesegneten Schlaf

Benötigte Materialien: Gleiche Anteile von Lavendel (für gesegneten Schlaf), Eisenkraut (Entzücken), Piment (verbessert Konzentration und Lerngewohnheiten), Kiefernadeln (innerer Frieden und Kraft), Orangenschalen (Reinigung) und Kamille (schlaffördernd).

Anleitung: Mische alle Zutaten und gib die Mischung in ein viereckiges weißes, grünes, blaues oder violettes Stück Stoff. Binde es zu, lege es unter dein Kopfkissen und genieße süße Träume.

Weitere Vorschläge für einen erholsamen Schlaf:

- Lege zerdrückten Knoblauch unter dein Bett, um schlechte Träume abzuwehren.
- Hänge einen energetisch aufgeladenen Traumfänger oder einen Zauberspruch über dein Bett.
- Lege einen Amethyst auf den Nachttisch. Dieser Halbedelstein ist bekannt dafür, dass er Negativität aufsaugt und absorbiert.

- Stelle eine Mischung aus gemahlenem Kaffee und Zimt her. Verbrenne die Mixtur auf einer Räucherkohle, um den Raum zu reinigen.
- Füge dem Waschwasser für Nachthemden, Pyjamas, Bettlaken etc. ein wenig Angelikawurzel hinzu, um jegliche Negativität zu verbannen. Dies ist besonders bei Kranken zu empfehlen.
- Gegen Albträume bei einem Kind lade ein Kuscheltier mit Energie auf, sodass es als Wächter fungiert. Oder nähe eine Decke und benutze dabei beschützende Nadel- und Fadenmagie. Nähe Taschen auf, die du mit Kräutern füllen und dann zunähen kannst.

Medizinischer Wahnsinn

Manchmal gibt es Zeiten, in denen du selbst oder irgendwelche Familienmitglieder ständig aus irgendwelchen Gründen zum Arzt müssen. Falls es sich dabei um Leistungen handelt, die die Krankenkasse nicht bezahlt, könnte sich dein Kontostand gefährlich den roten Zahlen nähern. Bevor du jeden Tag ängstlich auf weitere negative Botschaften wartest, solltest du es vielleicht einmal mit folgendem Zauber versuchen.

Benötigte Materialien: Fotos der Familienmitglieder, die betroffen sind (und jener, die es nicht sind); eine Plastiktüte,

groß genug, dass die Fotos hineinpassen; Thymian (für Gesundheit); schwarzer Pfeffer; zwei kleine Handspiegel.

Anleitung: Gib die Fotos in die Plastiktüte. Besprenkle sie mit Thymian und bitte den Gott und die Göttin, deiner Familie Segen und Gesundheit zu schenken. Lege die Tüte auf deinen Altar oder an einen anderen Platz, wo sie nicht gestört wird. Umgib sie mit einem Kreis aus schwarzem Pfeffer (damit Feinde – in diesem Fall Krankheiten – fliehen). Stelle einen der Spiegel außen vor die Haustür, sodass er auf die Straße zeigt, und den anderen außen vor die Keller- oder Verandatür. Visualisiere, wie sich alles Böse abwendet und deinem Heim fernbleibt.

Fliegenfalle für Widersacher

Täuschend einfach. Erschreckend kraftvoll. Dieser kleine Zauber eignet sich wunderbar, um jemanden zu fangen (und festzuhalten), der versucht, dir zu schaden.

In Europa spielten einfache und doppelte Spiralen schon in der Jungsteinzeit eine wichtige Rolle. Spiralaugen – doppelte Schleifen, die wie ein Augenpaar aussehen – wurden zum Beispiel in Newgrange in Irland gefunden und werden mit der Philosophie von Tod und Wiedergeburt in Verbindung gebracht (der heilige Kreislauf, der allem Leben zugrunde liegt). Die Spirale gegen den Uhrzeigersinn, die bei dem hier aufgeführten Zauber Verwendung findet, tauchte bereits um 2000 v. Chr. bei den Kulturen der Euphrat- und Tigrisregion auf. In Ägypten stand sie für »das Land, in das man zurückkehrt«, was bedeutet, dass man bei der Benutzung der gegen den Uhrzeigersinn gerichteten Spirale in der Magie etwas dahin zurücksendet, woher es gekommen ist. Sowohl die im Uhrzeigersinn als auch die gegen den Uhrzeigersinn verlaufende Spirale repräsentieren Bewegung.

Benötigte Materialien: Ein kleines gläsernes Einmachglas; ein Stück Papier, das groß genug ist, um die Öffnung
des Glases zu bedecken; ein schwarzer Stift; sieben Nägel;
ca. 15 Gramm Klebstoff; ein starkes Gummiband (oder ein
Gummiring, mit dem Einmachgläser verschlossen werden).

Anleitung: Lege das Papier über die Öffnung des Glases.
Falte die Ecken nach unten, sodass auf dem Papier ein kreis-
förmiger Abdruck erkennbar wird. Benutze diesen Abdruck,
um eine heilige Spirale zu zeichnen, die außen beginnt und
sich bis in die Mitte des Papiers ringelt. Lass die Zeichnung
trocknen. Schreibe auf ein kleines Stück Papier den Namen
deines Widersachers. Falls du seinen Namen nicht kennst,
schreibe stattdessen: »Die Person, die mir negative Post
schickt« (oder was auch immer). Gib das Papier zusammen mit
den Nägeln in das Glas. Schüttle das Ganze dreimal kräftig
durch. Entferne das Abdeckpapier und tropfe den Klebstoff
über die Nägel. Bedecke das Glas erneut mit dem Papier und
sorge dafür, dass die Spirale sich genau über der Öffnung des
Glases befindet. Verschließe das Glas mit dem Gummiring
oder einem starken Gummiband. Klopfe siebenmal gegen das
Glas. Dann sprich folgende Worte:

Sich immer windend, sich immer drehend,
in der Mitte gefangen.
Sich immer bewegend, immer kreisend,
in die Mitte gezogen.
Immer hüpfend, immer tanzend,
in die Mitte gesogen.
Du kannst mir nicht wehtun,
du kannst mich nicht sehen,
du bist in diesem Glas gefangen!

Zeichne mit einer Fingerspitze die Spirale nach, von außen nach innen, und visualisiere dabei, wie die Person, die dich belästigt, eingefangen und in das Glas gesogen wird. Anschließend klopfe neunmal auf die Außenseite des Glases und wiederhole bei jedem Klopfen den Namen der Person oder die Bezeichnung der negativen Handlung. Während sich der Klebstoff erhärtet, wird die Negativität wie Klebstoff an dem Betreffenden haften bleiben und ihn so sehr beschäftigen, dass er keine Zeit mehr hat, dich zu belästigen!

Gestohlenes Rampenlicht

Natürlich können wir uns nicht alle zur gleichen Zeit an der Spitze befinden, und du wirst oft im Leben anderen den Vortritt lassen müssen. Wir müssen einfach lernen, damit umzugehen – auf diese Weise lernen wir schließlich, reifer und innerlich stärker zu werden und unerschütterlich auf die Verwirklichung unserer Träume hinzuarbeiten. Wenn dein Misserfolg jedoch auf irgendwelche skrupellosen, hinterhältigen Taten anderer zurückzuführen ist, tut das besonders weh. Gerecht ist gerecht! Dieser Zauberspruch wird dir mithilfe der Energie des Planeten Uranus, des Großen Veränderers, das Rampenlicht zurückgeben, das du dir verdient hast.

Vorsicht: Falls du selbst betrügerisch oder unmoralisch ge-
handelt hast, wird dieser Zauber deine eigenen Taten auf dich
selbst zurückwerfen!

Benötigte Materialien: Ein wasserfester schwarzer Filzstift;
eine neue Glühbirne; eine ausgebrannte Glühbirne; eine kleine braune Papiertüte.

Anleitung: Dieser Zauber besteht aus zwei Teilen. Zunächst
schreibe deinen Namen mit dem schwarzen Stift auf die neue
Glühbirne. Unter deinen Namen schreibe das Wort »Erfolg«.
Schraube die Glühbirne in irgendeine verfügbare Fassung und
schalte sie ein.

Halte die Hände über die Birne und sprich dabei die folgenden Worte:

> **Energie nährt meinen Erfolg.**
> **Meine Arbeit wird die beste sein!**

Entspanne dich. Schließe die Augen und wiederhole die
Worte mehrmals, bis du dich in einem leicht veränderten Bewusstseinszustand befindest.

Wenn du innerlich spürst, dass du zu einem Abschluss gekommen bist, öffne die Augen, nimm einen tiefen Atemzug
und klatsche in die Hände.

Lass die Glühbirne brennen, bis du Zeichen deines Erfolgs
erkennen kannst; dann benutze das Licht so, wie du es normalerweise tun würdest.

Gleichzeitig schreibe den (die) Namen der Person(en), die
das dir zustehende Rampenlicht gestohlen haben, auf die ausgebrannte Glühbirne. Zeichne das Symbol für Uranus ⛢ ein-
undzwanzigmal auf die braune Papiertüte und visualisiere
dabei die Person, wie sie sich in ihren eigenen Täuschungen
verheddert.

Sprich dabei die Worte:

**Sobald ich diese Tüte auf der Straße zertrete,
wirst du Opfer deiner eigenen Täuschung
werden!**

Zieh dir robustes Schuhwerk an und gehe mit der Tüte nach draußen. Wirf sie in die Mitte der Straße. Trample darauf herum. Vergrabe sie anschließend außerhalb deines Grundstücks.

Um diesen Zauber zu verstärken:

- Trage einen kleinen Medizinbeutel bei dir, der Fingerkraut, Zimt und Angelikawurzel enthält. Diese Kräuter unterstützen Wahrheit, Wohlstand und Schutz.
- Stäube Zimt auf deine Handgelenke, um Eifersucht abzuwehren.
- Arbeite an positiver PR für dich selbst (aber nicht angeben – nur ehrliche Aussagen, bitte).

Mitternächtliche Anrufer

Dank der modernen Technik gibt es verschiedene Möglichkeiten, ungebetene Anrufer zu identifizieren oder unerwünschte Anrufe auszuschalten. Doch was ist, wenn dir ein hartnäckiger Typ auf den Fersen ist, der sich immer wieder von verschiedenen Telefonzellen aus meldet, um dich zu belästigen, oder auf sonst eine Weise verhindert, dass du seine eigene Nummer herausfinden kannst?

Hinweis: Falls du von Drohanrufen verfolgt wirst, notiere dir Inhalt und Datum, zeichne die Anrufe möglichst auf Tonband auf und verständige die Polizei.

Benötigte Materialien: Garn, Schnürsenkel oder Kordel in den Farben rot, weiß und schwarz; Essig.

Anleitung: Flechte die Fäden zusammen. Tauche die Enden in Essig und lass sie trocknen. Binde die geflochtene Kordel um die Telefonschnur (falls du ein schnurloses Telefon hast, nimm ein längeres Band und binde es um den Sockel des Telefons).

Sprich dazu die Worte:

Mit der Eins beginnt dieser Zauber seine Wirkung.
(Mach dabei einen Knoten in das herunterhängende Ende der geflochtenen Kordel.)
Mit der Zwei kann *(Name der lästigen Person)* **mich nicht mehr erreichen.**
(Mach einen weiteren Knoten über dem ersten.)
Falls du den Namen des Betreffenden nicht kennst, sage einfach »die Person, die mich belästigt«.)
Mit der Drei bin ich frei.
(Mach einen weiteren Knoten über dem letzten.)
Mit der Vier kannst du mir nichts mehr anhaben!
(Mach einen weiteren Knoten über dem letzten.)
Mit der Fünf erwacht dieser Zauber zum Leben.
(Mach einen weiteren Knoten über dem letzten.)
Mit der Sechs ist der Zauber fixiert.
(Mach einen weiteren Knoten über dem letzten.)
Mit der Sieben ist mein Wort gesprochen.
(Mach einen weiteren Knoten über dem letzten.)
Mit der Acht besiegle ich dein Schicksal.
(Mach einen weiteren Knoten über dem letzten.)
Mit der Neun verschließe ich dir den Mund.
(Mach einen weiteren Knoten über dem letzten.)

Lügen haben kurze Beine

Es gibt nichts Demütigenderes, als wenn dein Glück durch die bewusste Einmischung eines Lügners zunichte gemacht wird. Eine Möglichkeit, Lügner und die von ihnen verbreiteten Gerüchte zu stoppen, besteht darin, selbst immer zu versuchen, die Wahrheit zu sagen. Das ist manchmal gar nicht so einfach. Bei kleineren Gerüchten kann es hilfreich sein, die Situation einfach zu ignorieren, statt mit Schaum vor dem Mund und Feuer in den Augen zu reagieren. Es gibt jedoch auch Umstände, bei denen eine Situation immer schlimmer zu werden scheint, egal wie ehrlich du selbst dich verhältst oder wie vorsichtig deine Reaktionen sind.

Wenn dies der Fall sein sollte, versuche es jetzt mit folgendem Zauber.

Benötigte Materialien: Wenn möglich, besorge dir eine Unterhose der betreffenden Person (sollte das nicht möglich sein, kaufe eine und schreibe den Namen der Person mit einem schwarzen Stift in den Schritt); eine Flasche der schärfsten Chilisauce, die du auftreiben kannst; ein paar Disteln und Brennnesseln; Fingerkraut (um den Betreffenden zu zwingen, die Wahrheit zu sagen); schwarzer Pfeffer; 90-prozentiger Alkohol; ein langes Streichholz; ein alter Kessel oder Campinggrill.

Anleitung: Schütte die Chilisauce in den Schritt der Unterhose und lasse sie trocknen. Streue Disteln, Brennnesseln, Fingerkraut und den schwarzen Pfeffer darüber. Besprenkle das Ganze mit ein wenig 90-prozentigem Alkohol (nicht viel). Nimm ein langes Streichholz und zünde die Unterhose an. Verbrenne sie in einem alten Kessel oder auf dem Campinggrill. Während die Unterhose brennt, sprich die folgenden Worte:

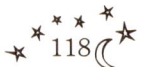

(Name der Person), ich habe genug.
Ich stehe über dir, ich wehre mich.
Deine Angriffe gehen ins Leere.
Deine Lügen werden zu einer Feuersbrunst,
die Zungen der Flamme beißen zurück
und zwingen dich zu Boden.
Deine Täuschung verliert ihren Würgegriff,
ich bin frei und die Wahrheit siegt!

Verstreue die Asche außerhalb deines Grundstücks.

Notwendige Trennungen: Zauber des schwarzen Bandes

Eine Freundin hat mir einmal gesagt, dass Menschen wie die Wellen des Meeres sind. Manchmal fließen sie zum perfekten Zeitpunkt in unser Leben, sanft, liebevoll, mit dem Geschenk der Harmonie, und lassen nichts zurück als den süßen Duft der Ewigkeit und unberührten Sand. Zu anderen Zeiten stürzen sie gewaltsam in dein Leben und zerstören alles, was auf ihrem Weg liegt. Wenn sie wieder verschwunden sind, bleiben alle möglichen übelriechenden Dinge zurück, die sich an dem kleinen Stück Strand angesammelt haben, das du dein Leben nennst. Es gibt nichts Schlimmeres, als den Mist aufräumen zu müssen, den andere hinterlassen haben! Wenn ein Freund, Familienmitglied oder Kollege weggeht und schlechte Schwingungen zurücklässt (oder wenn er nicht schnell genug verschwindet), dann ist der Zauber des schwarzen Bandes genau das Richtige für dich!

Benötigte Materialien: Zwei weiße Kerzen; ein schwarzes Band; eine Schere.

Anleitung: Zünde die weißen Kerzen an. Eine repräsentiert dich, die andere die Person, die dir Probleme macht (oder negative Energien zurückgelassen hat). Binde das schwarze

Band um beide Kerzen und stelle sie so weit auseinander, wie es das Band erlaubt. Bitte Brigid (die keltische Göttin der heilenden Wasser und des Feuers), beiden Seiten Heilung zu bringen und die Negativität aus deinem Körper, deinem Geist und deiner Seele zu entfernen. Bitte darum, dass die betreffende Person von dir getrennt wird, dass alle emotionalen und energetischen Verbindungen aufgelöst werden und dass dies sofort geschehen möge. Zerschneide ruhig und feierlich das Band. Lass die Kerzen vollständig abbrennen und wirf alle Wachs- und Bandreste weg.

Du kannst dieses Ritual auch im Zusammenhang mit einem gewalttätigen Familienmitglied, übelmeinenden Kollegen oder anderen unangenehmen Gruppensituationen durchführen!

Schmach an den Urheber zurückschicken

Von den Hügeln West Virginias bis zu den Sümpfen Louisianas war Friedhofserde schon immer eine beliebte und wirksame Zutat bei zahllosen Zaubersprüchen, bei denen es um die Abwendung von Negativität geht und darum, den Übeltätern ihren gerechten Nachtisch zu servieren. Dieser Zauber hat den Zweck, Negativität zurückzuschicken, die von einer Gruppe (oder einzelnen Individuen) mit der Absicht erzeugt wurde, dich oder deinen Ruf zu zerstören. Zunächst brauchst du dafür den Namen eines Verwandten oder Freundes, der gestorben ist und dich zu Lebzeiten ganz besonders gern hatte. Sobald du die Entscheidung getroffen hast, wen du zu diesem Zweck anrufen möchtest, kannst du mit dem Zauber loslegen. Ich warne dich jedoch, denn dieser Zauber ist ein wenig komplizierter als die meisten anderen.

Benötigte Materialien: Ein mit frischem Sand gefüllter Kessel; eine Zitrone für jede an dem Komplott beteiligte Person; ein schwarzer Stift; Essig; die folgenden Zutaten, in einem

Mörser zerstoßen: Nachtschatten, Knoblauch, alter getrock-
neter Kaffeesatz, Cayennepfeffer, schwarzer Pfeffer und
Brennnesseln; eine schwarze Kerze, in Honig getaucht und
anschließend in Spinnweben und Friedhofserde gerollt.

Anleitung: Ziehe einen Schutzkreis um dich herum. Dann
zeichne mit dem Finger ein Pentagramm in den Sand auf dem
Boden deines Kessels. Schreibe die Namen der an dem Komplott beteiligten Personen jeweils auf eine Zitrone. (Gib eine
extra Zitrone für diejenigen in den Kessel, die den anderen
möglicherweise helfen, ohne dass du davon weißt.) Schneide
in die Spitze jeder Zitrone ein Loch und achte darauf, dass du
die Namen dabei nicht verwischst. Gib einen Tropfen Essig in
jedes Loch und fülle es dann mit der Kräutermischung. Ordne
die Zitronen im Kessel in Form eines Kreises an oder setze sie
an die Spitzen des Pentagramms.

Schalte alle Lichter aus. Nimm einen tiefen Atemzug. Setze
dich vor den Kessel. Zünde die schwarze Kerze an und sprich
die folgenden Worte:

> **Dunkle Mutter, Göttin der Gerechtigkeit,**
> **komm zu mir. Steh mir bei.**
> **Hör mich an. Hilf mir.**

Nimm einen weiteren tiefen Atemzug und visualisiere dabei
die Dunkle Göttin, wie sie auf dich zukommt und dir ihre
Hände entgegenstreckt, um dir zu helfen. Denke an den
Ahnen oder verstorbenen Freund, auf dessen Hilfe du vertraust, und sage:

> **Ahne, *(sprich den Namen des Betreffenden aus)***
> **ich brauche Hilfe.**
> **Komm zu mir. Steh mir bei.**
> **Hör mich an. Hilf mir.**

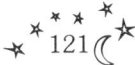

Nimm wieder einen tiefen Atemzug und visualiere, wie die Person, die du um Hilfe angerufen hast, zu dir kommt. Halte deine Hände nacheinander über jede Zitrone und sage dabei:

Nimm ihnen ihre Macht.
Wickle sie in das Netz ihrer eigenen Täuschung.
Begrabe sie unter ihren eigenen Lügen.
Mögen alle, die sie unterstützen, sich von ihnen
zurückziehen.
Mögen sie von Versagen umgeben sein.
Möge ihr Komplott aufgedeckt werden.
Mögen sie ihre gerechte Strafe finden.
Möge ihr Mut sie verlassen.
Mögen sie über ihre eigenen Worte stolpern.
Ihre ungerechten Wünsche werden zu nichts führen
und sie werden zum Opfer ihrer eigenen
Dummheit werden.
So sei es!

Lass die Kerze vollständig herunterbrennen. Wirf die Zitronen auf die Grundstücke der Übeltäter oder auf ihren Arbeits- oder Schulweg.

Nicht vergessen: Du musst die Zitronen unbedingt loswerden, denn wenn sie in deinem Haus oder in deiner Wohnung bleiben, werden sie wie Magnete für die bösen Absichten der anderen wirken. Sollte es keine Möglichkeit geben, die Zitronen in die Nähe der entsprechenden Personen zu bringen, wirf sie in der dunkelsten Stunde der Nacht mitten auf eine Kreuzung – in jedem Fall musst du dafür sorgen, dass sie nicht in deiner Umgebung verbleiben.

Anmerkung: Falls du keine echte Friedhofserde benutzen möchtest, kannst du stattdessen die folgende Mischung neh-

men: gleiche Teile Königskerze, Wermut, Patschuli, Erle, Alraune und schwarzer Talkumpuder (oder schwarzer Glitter).

»Mach-sie-fertig«-Zauberspruch

Im Laufe meiner Karriere als Mutter von vier Kindern gab es ein paar Situationen, in denen Erwachsene es (aus welchen Gründen auch immer) für nötig befunden haben, eines meiner Kinder zur Zielscheibe ihrer negativen Absichten zu machen. Wenn das passiert, prüfe ich zuerst meinen Kontostand und begebe mich dann schnurstracks in das nächste Kerzengeschäft. Dort kaufe ich so viele schwarze Kerzen, wie ich mir leisten kann, und eine violette. Auf die violette Kerze ritze ich das astrologische Symbol für Saturn ♄.

Benötigte Materialien: So viele schwarze Kerzen, wie du dir leisten kannst; eine violette Kerze.

Anleitung: Ich beginne den Zauber, indem ich ein großes Pentagramm auf den Tisch zeichne und an jede Spitze eine schwarze Kerze stelle. Dann fülle ich die Linien des Pentagramms mit so vielen Kerzen auf, wie mir zur Verfügung stehen.

Während ich die Kerzen arangiere, konzentriere ich mich darauf, die Negativität zu ihren Urhebern zurückzuschicken. Ich denke an all die schreckliche dunkle Energie (die ich nicht erzeugt habe) und stelle mir vor, wie sie sicher in den Armen des Individuums/der Individuen ruht, die sie ursprünglich geschaffen haben. Dann bitte ich meine Ahnen, zu mir zu kommen und mir in meiner Stunde der Not beizustehen, wobei ich ihnen die violette Kerze als Opfergabe anzünde. Benutze den folgenden einfachen Sprechgesang, um die Verstorbenen herbeizurufen:

**Kommt herbei,
versammelt euch,
seid eins!**

Wiederhole diese Worte, bis du einen leicht veränderten Bewusstseinszustand erreicht hast. Stell dir die Ahnen vor, wie sie einen Kreis kraftvoller weißer Energie um dich herum bilden, während du diese Worte sprichst. Sobald du ihre Präsenz fühlen kannst, nimm einen tiefen Atemzug, öffne die Augen, erkläre deine Absicht und zünde die schwarzen Kerzen an. Danke den Verstorbenen für ihre Hilfe. Lass die schwarzen Kerzen (und die violette) ganz herunterbrennen.

Um diesen Zauber zu verstärken:

- Nimm ihn zur Zeit des Vollmondes oder des Dunkelmondes vor.
- Ein Samstag eignet sich besonders gut dafür.
- Mach den Zauber bei einer Mondfinsternis (schau nach, in welchem Zeichen sich der Mond befindet, um herauszufinden, wie der Zauber sich entfalten wird).

Chaos schüren

Hier und da braucht es ein wenig Chaos, um für eine Art Ablenkungsmanöver zu sorgen, bis du Zeit zum Nachdenken findest, oder um deine Interessen zu schützen, bis die richtige Person eine gute Entscheidung für dich treffen kann (wie zum Beispiel eine Beförderung in deinem Beruf). Die Göttin, die für diesen Zauber angerufen wird (eine meiner Favoritinnen, äußerst nützlich bei allen Arten von Schwierigkeiten), ist Sechmet, die ägyptische Göttin der Magie, des Feuers, des Krieges, der Jagd, der wilden Tiere, der Gerechtigkeit, des Mutes und der physischen Kraft. Ihr Beiname »die Mächtige« und ihr Ruf als erbarmungslose Gegnerin machen sie zu einer ausgezeichneten Wahl für diesen Zauber.

Benötigte Materialien: Ein Herd (oder ein Grill im Garten); ein Topf oder Kessel; Quellwasser; ein Holzlöffel, eine gelbe oder goldene Kerze.

Anleitung: Fülle den Topf mit Quellwasser und stelle ihn auf den Herd oder Grill. Bringe das Wasser zum Kochen. Rühre es langsam gegen den Uhrzeigersinn mit dem Holzlöffel um. Denke über die Situation nach. Während das Wasser zu kochen beginnt, stell dir den Dampf als einen schützenden Nebel vor, der dich umgibt. Während du rührst, bitte den Geist, dem Wasser die richtige Menge Chaos hinzuzufügen, um dich vor Schaden zu schützen. Schließlich rufe Sechmet in all ihrer Herrlichkeit herbei und bitte sie, dich zu beschützen und deine Feinde im Saft ihrer eigenen bösen Absichten zu kochen. Als Opfergabe zünde eine gelbe oder goldene Kerze zu Ehren Sechmets an. Rufe die Göttin mit folgender Anrufung:

Göttin des Feuers und kraftvolle Mutter,
Sechmet, komm zu mir, komm zu mir.
Göttin der Gerechtigkeit, mächtige Mutter,
Sechmet, steh mir bei, steh mir bei.
Göttin der Schlacht, siegreiche Mutter,
Sechmet, bleib bei mir, bleib bei mir.
Pochendes Herz, stampfende Schritte,
Sechmet, bring meinen Feinden Chaos!

Warnung: Dieser Zauberspruch wird ganz sicher Chaos erzeugen, also sorge dafür, dass du nicht selbst von Chaos und Panik überwältigt wirst und annimmst, dass nichts Positives für dich passiert. Übe dich in Geduld. Es kann fünf bis sieben Tage dauern, bis du tatsächlich Resultate zu deinen Gunsten feststellst, vorausgesetzt, du hast in der Zwischenzeit die erforderliche Arbeit geleistet und zusätzliche magische Rituale durchgeführt.

4

Wenn die Dinge haarig werden

Die Zaubersprüche und Rituale in diesem Kapitel wurden für all die komplizierten und unglückseligen Ereignisse entworfen, mit denen wir manchmal konfrontiert werden. Zaubersprüche sollten jedoch nicht als Ersatz für eine professionelle medizinische Versorgung oder anstelle der notwendigen Intervention durch die zuständigen Autoritäten benutzt werden.

Lass deine Widersacher zappeln

Hast du schon einmal Monate (oder Jahre) erlebt, in denen es den Anschein hatte, dass irgendwelche großen Unternehmen oder Institutionen dich auf dem Kieker haben? Natürlich wissen wir, dass die Geschäftspraktiken dieser Firmen von einzelnen Personen (oder einer kleinen Gruppe von Personen) bestimmt werden und dass es auch bestimmte einzelne Personen (oder kleine Gruppen von Personen) sind, die diese zur Durchführung bringen. Normalerweise kannst du den Namen zumindest einer dieser Personen ausfindig machen (doch musst du dabei vorsichtig sein, da jemand vielleicht nur seinen Job macht, ohne dir persönlich etwas Böses zu wollen). Und dann gibt es noch solche Situationen, in denen der Mensch, mit dem du zu tun hast, die Wurzel deiner Schwierigkeiten ist (und du das zweifelsfrei weißt), und der Betreffende einfach nur die Macht des Unternehmens benutzt, um dir zu schaden.

Die Anwendung von Puppenmagie ist so alt, dass sie dem gelehrten Geist eine Menge Raum für Argumente und Interpretationen lässt. Wir wissen jedenfalls, dass diese Puppen nicht dazu gedacht waren, Kinder zu fantasiereichen Rollenspielen zu animieren. Die Puppen, von denen hier die Rede ist, wurden entworfen, um wirkliche Menschen zu repräsentieren, oder in diesem Fall eine Person, die zur lebendigen Wesenheit eines Unternehmens gehört. Damit die Puppe funktioniert, musst du etwas haben, das zu dem entsprechenden Individuum gehört – oder in diesem Fall dem Unternehmen. Puppen lassen sich gut für Heilungszauber einsetzen – oder eben für Zauber wie diesen, wobei die Absicht nicht darin besteht, jemandem Schaden zuzufügen, sondern die Energien des Universums mit der Bitte um faire Behandlung ins Gleichgewicht zu bringen.

Benötigte Materialien: Gerade Nadeln; Rotweinessig; zerdrückter Knoblauch; genügend Papierstreifen, um die Situation zu beschreiben und die Namen derjenigen zu notieren, die versuchen, dich zu betrügen; eine Puppe (männlich oder weiblich, je nach Geschlecht der betreffenden Person); eine ca. 40 Zentimeter lange schwarze Kordel; das Firmenlogo bzw. der Name des Unternehmens (Briefkopf oder Visitenkarte); schwarzer Faden.

Anleitung: Tauche die Nadeln in den Rotweinessig und lass sie trocknen. Rolle sie anschließend in dem zerdrückten Knoblauch. Schreibe die Namen aller Personen, von denen du weißt, dass sie mit deinem Problem zu tun haben, auf Papierstreifen und stecke diese mit den Nadeln an die Kleidung der Puppe. Schreibe »unbekannt« auf ein Stück Papier, um all jene zu berücksichtigen, die möglicherweise an der Sache beteiligt sind, ohne dass du etwas von ihnen weißt. Binde die Kordel um den rechten Knöchel der Puppe. Hänge sie mit dem Kopf nach unten auf, so als sei die Puppe in einer Falle gefangen. Nähe die Visitenkarte oder eine andere Wiedergabe des Firmennamens mit schwarzem Faden an die Füße der Puppe. Sprich dann folgende Worte:

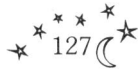

**Der Betrug ist aufgedeckt, ich weiß, wer du bist,
das Gleichgewicht ist wieder hergestellt,
man wird mich nicht ignorieren!**

Wiederhole diese Worte so lange, bis du dich in einem veränderten Bewusstseinszustand befindest. Dann klatsche in die Hände, um den Zauber zu besiegeln. Wenn die Wahrheit ans Licht gekommen ist und man dir alles zurückerstattet hat, was dir fälschlicherweise genommen wurde, verbrenne die Papierstreifen, wirf die Nadeln auf eine Straßenkreuzung und gib die Puppe in die Abfalltonne.

Um diesen Zauber zu verstärken:

- Räuchere die Pupppe mit Räucherwerk, das du mit der Intention aufgeladen hast, dir Gerechtigkeit zu verschaffen.
- Führe den Zauber an einem Dienstag, in der Stunde des Mars, oder bei Vollmond durch.
- Vergiss nicht, den Fall schriftlich genau zu dokumentieren. Das ist mindestens ebenso wichtig wie die Magie selbst.

Einen Tiermörder oder Tierschänder der Gerechtigkeit zuführen

Um mit der nun folgenden Göttin zu arbeiten, ist ein wenig Hintergrundwissen unerlässlich, daher wenden wir uns an Willow Ragan.[1] Ihren prägnanten Formulierungen können wir folgende Informationen entnehmen:

---

[1] Willow Ragan ist Autorin, Malerin und ausgebildete Fotografin. Ihr Studium der Hexenkunst begann im Jahre 1978, und seither hat sie sich mit den verschiedensten Traditionen beschäftigt. Momentan lebt sie in Ohio, USA, und ist Herausgeberin von *Leaves*, einer Publikation des Ordens »Temple of Danaan«.

Die Morrigan – Morrig für die alten Iren – ist eine schwierige und widersprüchliche Figur, deren Erscheinungsform sich von überirdischer Schönheit zu entstellter Hässlichkeit verwandeln kann und deren Wesen Hilfsbereitschaft ebenso enthält wie Gewaltsamkeit.

Die Gelehrten sind sich nicht einig über die korrekte Übersetzung ihres Namens: Große Königin oder Schatten-Königin. Erfahrungsgemäß treffen beide Namen zu. In Legenden wird sie häufig mit Schlachten assoziiert, daher ihre Bezeichnung »Königin der Schlachten«. Blickt man hinter die äußeren Aspekte, so erkennt man, dass es bei diesen frühen Konflikten oftmals um Souveränität und Selbstbestimmung ging. Als Große Königin und Göttin des Landes beschützt und unterstützt sie ihr auserwähltes Volk.

In unserer heutigen Zeit, in der die wenigsten unter uns die Verantwortung für das Wohlergehen des Stammes, seines Territoriums und seiner Viehherden tragen, hat Souveränität eine starke persönliche Bedeutung. Die Position eines Souveräns oder Herrschers erfordert Bewusstsein, Selbstkontrolle und ein ausgeprägtes Gefühl für persönliche Verantwortung. Diese Wesenszüge gelten auch für Souveränität auf individueller Ebene.

Persönliche Souveränität setzt eine starke innere Zentriertheit und ein Wissen um unsere Stärken und Schwächen voraus – nicht zur Verherrlichung unseres Egos oder aus neurotischer Obsession, sondern geboren aus Weisheit und Selbsterkenntnis. Selbsterkenntnis ist eine schwierige Sache; von Geburt an wird uns immer wieder gesagt, wer und was wir sind. Fügt man diesen Informationen den unvermeidlichen Ballast hinzu, den wir auf unserem Weg einsammeln, erhält die Frage »Wer bin ich?« eine überwältigende Komplexität. Glücklicherweise liegen ein großer Teil unseres Selbst und die Gründe für unser Verhalten in unserem Unterbewusstsein. Und dies ist das Reich der Schatten-Königin. Als die Alte

Weise unterstützt die Morrigan unsere Suche nach Ganzheit, wobei sie unsere Konzepte von uns selbst und unserer Umgebung in Frage stellt. Wenn wir die Versatzstücke unseres Lebens ans Tageslicht bringen und die Muster unserer problematischen Verhaltensweisen ablegen, steht die Morrigan am Brunnen des Lebens und überreicht uns – wenn wir ihn denn anzunehmen wagen – den Kelch der Wahrheit, der Wahrheit über uns selbst.

In einer Stadt, deren Namen wir hier nicht nennen wollen, eröffnete einmal ein großes Geschäft für Haustiere und Zubehör, mit einem leuchtenden Schriftzug über der Eingangstür und vielen hübschen Dingen, die man seinem Hunde- oder Katzenliebling kaufen konnte. Natürlich konnten die Kunden, die sich nach der Liebe anbetungswürdiger, kuscheliger Gefährten sehnten, dort auch Tiere erwerben. Jeder empfand den neuen Laden als eine wunderbare Bereicherung, und viele von uns besuchten ihn oft, um hübsche und nützliche Dinge für unsere Haustiere zu kaufen.

Ungefähr zur gleichen Zeit wurde eine attraktive junge Frau Mitglied des Hexenzirkels der Black Forest Family. In der Nacht ihrer Aufnahme erklärte sie uns, dass dieser wunderbare Laden in Wahrheit gar keine so wunderbare Einrichtung war. Jedes Tier, das die Besitzer innerhalb eines bestimmten Zeitraums nicht verkauft hatten, verscherbelten sie an wissenschaftliche Organisationen, die mit den Tieren irgendwelche Experimente durchführten. In Wahrheit verdienten die Besitzer des Geschäftes mehr Geld mit dieser Art von Verkauf als mit allen anderen Dingen zusammen, die es in dem Laden gab, was zur Folge hatte, dass sie absichtlich zu viele Tiere einkauften (vor allen Dingen solche mit weichen Fellen). Der Laden, so hatte die junge Frau festgestellt, war nur eine Fassade. Gab es vielleicht irgendetwas, das meine Schüler dagegen tun konnten?

Und so können wir uns bei David Norris für einen wirkungs-
vollen Zauberspruch bedanken und bei einer sehr einfallsrei-
chen und mutigen jungen Frau für ihren selbstlosen Einsatz.

Das Pulver der Dunklen Göttin

Benötigte Materialien: Schwarzer Talkumpuder; getrock-
neter Nachtschatten; getrocknete Brennnesseln; schwarze
Katzen- oder Hundehaare.

Anleitung: Während du das Pulver herstellst, wiederhole die
folgende Anrufung der Morrigan, auch »Schwarze Mutter«
oder »Mutter der Raben« genannt:

>**In dieser Stunde meiner Not**
>**rufe ich dich, Mutter der Raben, KOMM HERBEI!**
>**Schwinge deinen Besen der Fürsprache.**
>**Ich rufe dich, Mutter der Raben, KOMM HERBEI!**
>**Stoße hernieder in unbändigem Zorn.**
>**Ich rufe dich, Mutter der Raben, KOMM HERBEI!**
>**Zerschmettere Zweifel, Ängste und Sorgen.**
>**Ich rufe dich, Mutter der Raben, KOMM HERBEI!**
>**Schicke deinen Blitz und Donner.**
>**Ich rufe dich, Mutter der Raben, KOMM HERBEI!**
>**Auf dass sich keine Stimme gegen dich erhebe.**
>**Ich rufe dich, Mutter der Raben, KOMM HERBEI!**
>**Auf dass alle Lügner untergehen.**
>**Ich rufe dich, Mutter der Raben, KOMM HERBEI!**
>**Auf dass sich niemand gegen mich wende.**
>**Ich rufe dich, Mutter der Raben, KOMM HERBEI!**
>**Lass die Winde der Wahrheit wehen.**
>**Ich rufe dich, Mutter der Raben, KOMM HERBEI!**
>**Besiegle den Zauber, auf dass alle ihn hören.**
>**Ich rufe dich, Mutter der Raben, KOMM HERBEI!**

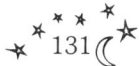

Lass deine Blut- und Geisterhunde ziehen.
Ich rufe dich, Mutter der Raben, KOMM HERBEI!
Und wenn alle Leiden vorüber sind,
rufe ich dich, Mutter der Raben, KOMM HERBEI!
Schütze mich wie dein eigenes Kind.
Ich rufe dich, Mutter der Raben, KOMM HERBEI![2]

Unsere Freundin ging in das Geschäft und sah sich alles in Ruhe an. Sie streute das Pulver überall hin – auf die Regale, den Fußboden, sogar auf die Kasse (wie sie das fertiggebracht hat, ist mir ein völliges Rätsel!). Immer wenn sie das Pulver verstreute, flüsterte sie: »Ich rufe dich, Mutter der Raben, KOMM HERBEI!« Außerdem strich sie Schutzöl auf möglichst viele Tierkäfige. Drei Monate später wurde der Geschäftsinhaber wegen Drogenhandels verhaftet, seine Frau verließ ihn, und der Laden wurde schließlich an jemanden verkauft, der verantwortungsvoller mit seiner lebendigen Ware umging.

Um diesen Zauber zu verstärken:

• Nimm ihn an einem Samstag um ein Uhr morgens oder an einem Samstagnachmittag gegen 15 Uhr vor.
• Führe ihn bei Dunkelmond durch.
• Wenn möglich, besorge dir Haare von dem misshandelten Tier. Bitte den Geist des Tieres, dir zu helfen.

Eine Verschwörung sprengen

Wenn sich eine Gruppe von Menschen zusammengetan hat, um deine Vernichtung herbeizuführen, musst du die Beteiligten trennen, um die Energie dieses Bundes aufzulösen.
  Papierzauber sind äußerst einfach anzuwenden und können

---

[2] Copyright © 1998 David Norris.

genauso wirksam sein wie ein vollständiges Ritual. Viele Menschen glauben, dass ein paar Striche auf einem einfachen Stück Papier keine Macht haben – eine absolut irrige Annahme.

Benötigte Materialien: Fingerkraut; Senfsamen; eine Liste aller Personen, von denen du weißt, dass sie sich gegen dich verschworen haben.

Anleitung: Schreibe auf ein großes Blatt Papier zunächst den Namen der ersten Person folgendermaßen auf:

Regina Meier / getrennt
Regina Meier / getrennt
Regina Meier / getrennt

Drehe nun das Blatt auf den Kopf und schreibe den nächsten Namen in der gleichen Weise auf. Wenn es sich nur um zwei Personen handelt, schreibe den Namen der zweiten Person umgekehrt unter den ersten. Sind es mehrere Personen, drehe das Papier immer ein Stück weiter und schreibe die Namen irgendwohin; sind es genau vier, kannst du sie auf die vier Seiten schreiben, am besten alle verkehrt herum, um anzuzeigen, dass sie sich voneinander wegbewegen. Streue Fingerkraut und Senfsamen darüber, um Verwirrung zu stiften.

Anmerkung: Das funktioniert nur, wenn die Betreffenden nicht aufrichtig waren.

Halte das Papier in der Hand und sage dabei:

**Zieht euch zurück, trennt euch und brecht auseinander,
löst euch auf, getrennt, distanziert, uneins.
Ich rufe die Erde an, meinen Zauber zu binden,
die Luft, seine Reise zu beschleunigen,**

das Feuer, die zu vernichten, die mir Übles wollen,
das Wasser, mein wehes Herz zu besänftigen.
So sei es!

Zeichne ein Kreuz mit gleich langen Balken (Seite 55) in die
Luft, um den Zauberspruch zu besiegeln. Bewahre das Papier
an einem sicheren Ort auf, bis die Auflösung der Gruppe statt-
gefunden hat; anschließend verbrenne es.

Wenn dir das nicht ausreichend erscheint, dann bereite noch
ein wenig Verwirrungspulver zu. Benutze dazu Vetiver (hebt
Flüche auf und schützt vor Diebstahl), Lavendel (Schutz), Angelikawurzel (Reinigung), schwarzen Pfeffer (damit das Böse flieht)
und einen versengten, verknoteten Schnürsenkel. Zermahle alles
zu einem feinen Pulver. Streue dieses über das Zauberpapier oder
an Stellen, an denen jene, die dir übel wollen, entlanggehen.

Da Papierzauber weniger Zeit brauchen als andere Techniken, achte besonders genau auf das Timing. Nimm diesen Zauber (oder irgendeinen anderen) beispielsweise nicht vor, wenn
der Mond stillsteht. Außerdem kann es meist länger dauern, bis
du die Früchte deiner Arbeit siehst, wenn Mars oder Saturn rückläufig sind. Für diesen besonderen Zauber wäre eine Saturn-
Rückläufigkeit jedoch fantastisch, weil die dabei wirksamen
Energien sich gut dazu eignen, Gruppen und Organisationen
aufzuwühlen und sie ihrer gerechten Strafe zuzuführen. Diese
Art von Informationen findest du in einem astrologischen Jah-
reskalender. Ein solcher Kalender ist nicht teuer und wird sich im
Laufe deiner magischen Arbeit bestimmt häufig bezahlt machen.

Um diesen Zauber zu verstärken:

- Nimm ihn an einem Samstag in der Stunde des Saturn vor.
- Führe ihn bei Dunkelmond oder Vollmond durch.
- Führe ihn an einem Dienstag in der Stunde des Mars oder
  des Saturn aus.

- Als weitere Möglichkeit kannst du die einzelnen Personen der Gruppe auch so eng aneinander binden, dass sie sich gegenseitig bald nicht mehr ausstehen können, was das gleiche Resultat zur Folge hat – Auflösung der Gruppe.

Ich will meine Sachen wiederhaben!

Also gut – man hat dich gegen ein neueres Modell eingetauscht und dich sang- und klanglos zurückgelassen, ohne einen Pfennig in der Tasche. Vielleicht ist deine Mitbewohnerin ausgezogen und hat die Hälfte deiner Sachen mitgenommen. Was tust du in einem solchen Fall?

Wenn der Geist einen Menschen aus deinem Leben hinausbefördert hat, war das wahrscheinlich das Beste, was dir passieren konnte. Doch das ist sehr schwer zu akzeptieren, wenn dir das Herz blutet, besonders wenn der Mensch, der dich verlassen hat, auch noch versucht hat, dir Schaden zuzufügen (wie beispielsweise dein Bankkonto leerzuräumen, das auf deinen Namen angemeldete Auto mitzunehmen oder dein Haustier zu kidnappen). Bei diesem Zauber geht es nicht darum, jemandem zu schaden, sondern das wiederzubekommen, was von Rechts wegen dir gehört.

Wir haben fast alle hin und wieder schon einmal unser Horoskop gelesen, doch nur die wenigsten von uns wissen um die starken Energien der Planeten – nicht nur in unserem Geburtshoroskop, sondern auch bei ihrem täglichen Tanz durch die himmlischen Gefilde. Der alte Spruch »Wie oben – so unten« sagt uns, dass das, was am Himmel passiert, auf der Erde entsprechend reflektiert wird, und umgekehrt.

In diesem Zauber werden wir uns zwei dynamische und starke Energien zunutze machen, und zwar Mars und Merkur. Mars ist der Inbegriff aktiver Energie unter den Himmelskörpern. Dieser Planet aktiviert alles, was ihm nahe kommt; er symbolisiert Handlung, Selbstbehauptung, Willenskraft, Fokus, Mut,

Leidenschaft, die Fähigkeit, länger durchzuhalten als jeder Feind, und er kurbelt – wenn nötig – unsere Überlebensinstinkte an. Mars erinnert mich immer an ein vorwitziges Kind – dasjenige in einer Gruppe, das man sich vorknöpft, wenn freche Streiche ans Tageslicht kommen.

Merkur ist der große Kommunikator, mit dem zusätzlichen Bonus schneller, quecksilbriger Bewegung. Diese planetarische Energie repräsentiert das Prinzip des Intellekts, des emotionslosen, rationalen, objektiven Denkens, und sie ist eine besonders hilfreiche Kraft, wenn du befürchtest, dass dein Herz nicht mit deinen objektiven Interessen in Einklang ist. Dieser Planet hat auch mit Sprache zu tun und gibt dir in Kombination mit der Rune Ansuz (ᚨ) einen extra Kick, wenn du einen öffentlichen Vortrag halten oder dich aus einer schwierigen Situation herausreden musst. Die Kombination der planetarischen Energien von Mars und Merkur in einem Zauber verleiht eine ganz besondere Kraft, die mit klarer, schnell wirksamer Energie verbunden ist.

Benötigte Materialien: Cayennepfeffer; Brennnesseln; roter Talkumpuder; ein roter Stift; ein Kognakschwenker oder eine Glasschüssel; ein Bild der Person, die dir dein Eigentum entwendet hat.

Anleitung: Mahle den Pfeffer, die Brennnesseln und den Talkumpuder und mische die Zutaten. Zeichne mit dem roten Stift das astrologische Symbol des Mars ♂ auf das Kognakglas. Zeichne daneben das Symbol für Merkur ☿. Gib das Foto in das Glas und bedecke es mit der Kräutermischung. Sprich dabei die Worte:

Gewissen juckt,
Gewissen kratzt,
du wirst keine Erleichterung finden,
bevor ich meine Sachen nicht wiederhabe.

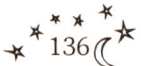

Wiederhole den Zauber und liste dann genau auf, was dir gestohlen oder nicht bezahlt wurde. Falls du deine Sachen nach dreißig Tagen noch nicht zurückbekommen hast, führe den Zauber noch einmal durch. Falls dir Geld entwendet wurde, solltest du eine Gagelstrauch-Kerze anzünden und den Geist des Wohlstands darum bitten, in dein Haus zu kommen, vor allem während irgendwelcher Feiertage, bei denen du normalerweise größere finanzielle Ausgaben hast.

Um diesen Zauber zu verstärken:

- Nimm ihn an einem Dienstag in der Stunde des Merkur vor.
- Führe ihn an einem Mittwoch in der Stunde des Mars aus.
- Füge eine rote Kerze hinzu (Symbol für Handlung), die du mit den Symbolen für Merkur und Mars versehen hast.
- Benutze den Gott Merkur als deinen Archetyp.

Dein kaltes, schwarzes Herz

Manchmal gibt es Menschen auf dieser Welt, die – aus welchen Gründen auch immer – einfach ausgesprochen bösartig sind. Man könnte diese Menschen und ihre Beweggründe von der Winter- bis zur Sommersonnenwende zu analysieren versuchen – es würde doch nichts bringen. Um sie von ihrem schändlichen Tun abzuhalten und ihnen ihre negative Energie zurückzuschicken, versuche es mit dem nachfolgenden Zauber.

In verschiedenen magischen Systemen auf der ganzen Welt finden wir alle möglichen Arten von Federmagie. In Ägypten wurde die Feder als eine Darstellung der Maat verwendet, der Mutter der Gerechtigkeit, deren Name auch »Wahrheit« bedeutet. Federn sind außerdem ein Symbol des Luftelements, mit dem wir hier arbeiten werden. Von der Maat wurde gesagt, dass sie nicht selbst richtet, sondern als Herrscherin des menschlichen Gewissens fungiert, wodurch

sie ein Teil der eigenen motivierenden Kraft ist, wenn wir moralisch einwandfrei handeln wollen. Nach dem Tod wurde das Herz auf die eine Waagschale gelegt und die Feder der Maat auf die andere. Auf diese Weise wurden die Taten eines Menschen zu seiner Eintrittskarte in die Elysischen Gefilde, sofern die Waage im Gleichgewicht war. War dies nicht der Fall, dann wurde der Verstorbene als unwürdig befunden und von Ammit verschlungen.

Benötigte Materialien: Schwarze Pappe; 13 schwarze Federn; Klebstoff; ein kleiner Gegenstand, der der bösen Person gehört (eine Büroklammer von seinem/ihrem Schreibtisch, Haare aus einer Bürste, eine signierte Kreditkartenquittung etc.).

Anleitung: Schneide aus der schwarzen Pappe ein Herz. Umrahme es mit den schwarzen Federn und klebe diese fest. Klebe den Gegenstand des Betreffenden auf die Rückseite des Herzens. Bitte Maat, das Herz zu wiegen und dich vor negativen Handlungen und Energien zu schützen. Verwahre es an einem sicheren Ort, bis du nicht mehr die Zielscheibe des anderen bist. Behalte das Herz, wenn du befürchtest, von dem Betreffenden irgendwann vielleicht erneut belästigt zu werden. Verbrenne es, wenn du sicher bist, dass der Betreffende sich entfernt hat oder dich nie mehr zur Zielscheibe seiner bösen Absichten machen wird.

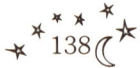

Vorsicht: Rufe Maat nur an, wenn du sicher bist, dass du eine reine Weste hast und nicht selbst Ursache für deine Schwierigkeiten bist!

Einen eifersüchtigen Liebhaber loswerden

Am Anfang hast du geglaubt, der Himmel hätte ihn geschickt. Doch so wie die Dinge jetzt stehen, würdest du ihn am liebsten wieder zurückgeben. Da es noch keine Rücknahmestelle für unpassend gewordene Liebhaber gibt, solltest du es vielleicht mal mit folgendem Zauber versuchen.

Benötigte Materialien: Eine weiße Kerze; eine schwarze Kerze; eine Haarsträhne von dir; Haare aus ihrer/seiner Bürste; ein Paar Essstäbchen; ein dünnes, schwarzes, ca. 40 Zentimeter langes Band; ein mit Sand gefüllter Kessel oder Topf.

Anleitung: Stelle die beiden Kerzen zusammen auf einen Tisch oder Altar. Achte darauf, dass sie sich berühren. Die weiße Kerze repräsentiert dich, die schwarze Kerze steht für die andere Person. Zünde beide Kerzen an, wobei du zuerst dich selbst visualisierst, während du die weiße Kerze anzündest, und dann den anderen, während du die schwarze Kerze anzündest. Nimm deine eigene Haarsträhne und die der anderen Person und wickle beide um die Essstäbchen. Binde dann das schwarze Band um Haare und Essstäbchen, ohne es zu verknoten. Nimm einen tiefen Atemzug und visualisiere die andere Person, wie sie von dir weggeht (oder wegrennt, wenn dir das lieber ist), während du die Kerzen mindestens zehn Zentimeter auseinander stellst. Wenn du dieses Bild klar vor deinem inneren Auge hast, verbrenne die Essstäbchen in dem Kessel oder Topf. Rücke die Kerzen noch weiter auseinander. Lass sie vollständig niederbrennen. Entsorge alles an verschiedenen Orten. Bringe deine Kerze in den Garten, die der

anderen Person irgendwohin außerhalb deines Grundstücks, und wirf die Reste der verbrannten Essstäbchen und den Sand in den Müll.

Die Wirkung dieses Zaubers kann in weniger als vierundzwanzig Stunden eintreten (du kannst meine Tochter fragen). Es kann aber auch bis zu dreißig Tage dauern, bis er seine Wirkung voll entfaltet. Sollte der unerwünschte Liebhaber dann immer noch in deiner Nähe herumlungern, führe den Zauber einfach noch einmal durch. Manchmal braucht es eine Weile, bis ein hartnäckiger Liebhaber endlich aus deinem Leben verschwindet.

Um diesen Zauber zu verstärken:

- Führe ihn, wenn möglich, bei Sonnenaufgang oder Sonnenuntergang an einem Strand aus und benutze dabei kleine Kerzen, damit das Ritual nicht zu lange dauert.
- Bitte um die Unterstützung des Meeresgottes oder der Meeresgöttin.

Praktische Tipps

Die meisten Gesetzeshüter empfehlen, eine lautstarke Szene zu machen, wenn jemand versucht, dich an einem öffentlichen Ort zu kidnappen. Das kann ich nur bestätigen. Tritt um dich. Schreie. Führe dich auf wie eine Verrückte. Es ist wahrscheinlicher, dass ein potenzieller Entführer wegrennt, wenn andere Personen Zeugen des Geschehens sind. Statistiken weisen darauf hin, dass deine Überlebenschancen gegen Null gehen, wenn ein Entführer dich an einen abgelegenen Ort bringen kann.

Das Böse weicht zurück

Dies ist ein alter Pow-Wow-Zauber, der für seine volle Wirksamkeit ungefähr dreißig Tage benötigt, auch wenn sich die ersten Auswirkungen wahrscheinlich schon innerhalb der ersten Woche zeigen. Sein wichtigster Zweck besteht darin, alles Böse aus deinem Heim, Büro, Geschäft, Grundstück etc. zu beseitigen. Pow-Wow ist ein etwa 300 Jahre altes magisches System, eine Verbindung von formaler germanischer Magie mit volkstümlichen Anwendungen und einzelnen indianischen Praktiken.

Schwarzer Pfeffer wird aus den Beeren des Pfefferstrauchs gewonnen und ist eines der ältesten bekannten Gewürze – tatsächlich wurde das Lösegeld für Rom zum Teil in Pfeffer bezahlt. Weißer wie auch schwarzer Pfeffer stammen von der gleichen Pflanze und werden seit Jahrhunderten bei einer Vielzahl volkstümlicher Zauber verwendet, vor allem in der Pow-Wow-Magie. Die Steckrübe gilt als weibliche Pflanze, assoziiert mit Mond- und Erd-Magie, und findet in erster Linie bei Schutzzaubern Anwendung.

Benötigte Materialien: Eine Steckrübe; ein scharfes Messer; ein Teelicht; der Name der Person, die das Problem verursacht, oder die Situation, auf ein kleines Stück Papier geschrieben; Meersalz (reinigend); schwarzer Pfeffer (sorgt dafür, dass das Böse flieht); ein schwarzer Stift.

Anleitung: Schneide die Spitze der Steckrübe ab. Höhle die Rübe mit einem scharfen Messer aus, bis die Öffnung groß genug ist, um das Teelicht hineinzustellen (das wird eine Weile

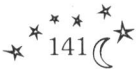
dauern). Während du arbeitest, konzentriere dich darauf, das Böse aus deinem Leben herauszuschneiden. Wirf die herausgeschnittenen Steckrübenstücke um Mitternacht auf eine Straßen- oder Wegkreuzung. Stecke das beschriftete Stück Papier in die ausgehöhlte Rübe. Bedecke das Papier mit Meersalz und visualisiere die Manifestation reinigender Energie. Streue schwarzen Pfeffer darüber (mit der Vorstellung, dass das Böse deine Umgebung verlässt). Stelle die Kerze darauf. Nimm den schwarzen Stift und zeichne damit in einem Kreis Pentagramme auf die Außenseite der Steckrübe.

Halte deine Hände über die Steckrübe. Visualisiere ein helles weißes Licht, das um die Rübe herum erstrahlt und sich ausbreitet. Zünde die Kerze an. Stell dir vor, wie weißes Licht deine Umgebung erfüllt und dem Bösen keine Möglichkeit gibt, sich zu verstecken. Lass die Kerze vollständig herabbrennen. Entferne die Reste der Kerze. Während der nächsten dreißig Tage wird die Steckrübe zu schrumpfen beginnen und schließlich zusammenfallen. Entferne sie nicht, bevor du das Gefühl hast, dass deine Umgebung frei ist von aller Negativität. Wenn dieser Zeitpunkt gekommen ist, wirf die Steckrübe in den Abfall.

Praktische Tipps

Wenn du dich in einer Situation befindest, in der du die Hilfe von Feuerwehr, Polizei oder Notarzt brauchst und die entsprechenden Notrufnummern wählst, solltest du in der Lage sein, ein paar spezifische Fragen zu beantworten. Der Empfänger des Notrufs am anderen Ende der Leitung wird eine kurze Beschreibung des Tat- oder Unfallhergangs verlangen. Er muss wissen, wo und wann der Unfall passiert ist (oder gerade passiert). Ist jemand verletzt? Sind irgendwelche Waffen im Spiel? Befinden sich noch Täter oder Verdächtige am Ort des Geschehens? Wie sieht die Person oder das Auto aus? Er

wird auch Angaben zu dir selbst erfragen (Name, Adresse und Telefonnummer). Wenn du ein Verbrechen oder einen Unfall meldest, kannst du aber auch anonym bleiben. Lass dich also nicht davon abhalten, etwas zu tun, nur weil du deinen Namen nicht angeben und nicht in die Angelegenheit verwickelt werden möchtest. Das Leben eines anderen Menschen könnte von deiner Entscheidung abhängen!

Kerzen-Magie für Gerichtsfälle

Magie für gerichtliche Angelegenheiten kann recht schwierig sein. Grundsätzlich verstärkt sich die Problematik exponentiell mit jedem zusätzlichen Zeugen oder Mitspieler in dem Drama. Dein Rechtsanwalt erwartet detaillierte Informationen von dir, und das kann dir bei deiner magischen Arbeit helfen. Bei jeder Gerichts-Magie solltest du folgende Dinge auf ein Stück Papier schreiben:

- den Namen deines Anwalts;
- die Aktennummer deines Falles;
- die Bezeichnung des Falles
  (beispielsweise: Schmidt gegen Meier).

Außerdem solltest du versuchen, dir von deinem Rechtsanwalt sowie von jedem, der in den Fall verwickelt ist, eine Visitenkarte zu beschaffen. Auf ein extra Stück Papier schreibst du die Namen der Personen, die gegen dich vor Gericht gehen, sowie den Namen ihres Rechtsanwalts.

Bei juristischen Angelegenheiten werden oft die Energien von Jupiter zu Hilfe gerufen, da Jupiter als der große Wohlwollende betrachtet wird, der expansive Energien in sich trägt. Seine Energie erlaubt uns, die uns innewohnenden Qualitäten und Talente zu unseren Gunsten zu nutzen und, was noch wichtiger ist, er hilft uns, Gelegenheiten zu erkennen, wenn

sie sich bieten. Daher wirkt dieser Zauber so, dass er Gelegenheiten sucht und findet, die dir bei deinem Fall nützlich sein können.

Benötigte Materialien: Eine violette Siebentageskerze; vier blaue Kerzen; eine Nadel oder ein Nagel; Fingerkraut; Senfpulver; eine braune Kerze für jeden, der gegen dich aussagt; eine goldene Kerze für dich selbst, wenn du angeklagt bist; Rosenöl; eine weiße Kerze für den Richter (es sei denn, es handelt sich um eine Scheidung; in diesem Fall sollte die Kerze für den Richter rot sein).

Anleitung: Lege das Papier mit deinem Namen, dem deines Rechtsanwaltes, der Aktennummer und der Bezeichnung deines Falles unter die violette Siebentageskerze. Ritze mit einer Nadel oder einem Nagel das Zeichen für Jupiter ♃ in die vier blauen Kerzen. Stelle die blauen Kerzen im Kreis um die violette Kerze auf. Sprich die folgenden Worte:

> **Die Göttin herrscht über alles.**
> **Sie ist mit den Strahlen der Sonne bekleidet,**
> **der Mond liegt ihr zu Füßen.**
> **In ihren Armen hält sie die Macht des Universums.**
> **Sie kann niemals entthront werden.**
> **Sie ist Freude, Wahrheit, Ordnung und Hoffnung.**
> **Niemand kann sie verjagen.**
> **Sie ist der Anfang und das Ende aller Dinge.**
> **Der Gott ist mein Beschützer und mein Meister,**
> **und er verleiht der Göttin seine Kraft.**
> **Die Fluten der Unzufriedenheit haben sich**
> **gegen mich erhoben**
> **und drohen mich zu verschlingen.**
> **Die Wellen sind die vielen Stimmen meiner Feinde.**
> **Doch der Herr und die Herrin sind stärker**

als die zahllosen Stimmen des Meeres meiner Feinde.
Meine Aussage und die Stimmen meiner Zeugen
werden sicher, kraftvoll und siegreich sein.
Im Namen des Herrn und der Herrin
werde ich den Sieg davontragen!

Klatsche in die Hände, um den Zauber zu besiegeln. Streue Fingerkraut und Senfpulver auf das Papier mit den Namen derjenigen, die dir vor Gericht gegenüber stehen. Lege die Namen der Personen, die gegen dich aussagen, unter die braune Kerze.

Salbe die Kerze für den Richter mit Rosenöl. Lege das Papier mit dem Namen des Richters unter die weiße oder rote Kerze (je nachdem, welche Farbe du gewählt hast). Zünde die verbliebenen Kerzen an und sprich:

Vertrete meinen Fall, edle Göttin, gegen jene,
die sich gegen mich verschworen haben.
Bekämpfe die, die mir zu schaden trachten
oder die gegen mich aussagen.
Nehmt euer Schild und Schwert,
Herr und Herrin, und setzt euch für mich ein.
Zieht den Speer und haltet diejenigen in Schach,
die mich verfolgen.
Stürzt alle, die mich zu verletzen trachten,
in Verwirrung und Scham.
Lasst jene, die mir Schmerz zufügen wollen,
Widerstand und Ablehnung erfahren.
Lasst sie wie Spreu vor dem Winde sein,
und ihr Karma möge sie verfolgen.
Meine Herrin, große Göttin der Engel,
schick deine Boten auf die wilde Jagd,
auf dass sie meine Widersacher finden
und deren Aktivitäten auf sie selbst zurückfallen.

Stürze sie in den Graben, den sie selbst ausgehoben
haben.
Auf dass sie von ihrer eigenen Zerstörung
überrascht werden
und sich in ihren eigenen Worten verheddern,
und sie in die Falle ihrer eigenen
Betrügereien gehen.
Errettet mich, Herr und Herrin, aus dieser Not.
Lasst nicht zu, dass meine Feinde über
mich triumphieren.
Stürzt alle in Scham und Verwirrung,
die über meine Schmerzen lachen;
bedeckt sie mit Schmach und Schande.
Erhebt euch nun, großer Herr und edle Herrin,
und bringt Gerechtigkeit zu meinen Gunsten!
So sei es.

Klatsche in die Hände, um den Zauber zu besiegeln. Lass alle
Kerzen vollständig niederbrennen.

Anmerkung: Falls du unter deinen magischen Werkzeugen
ein Schwert besitzt, halte es über deinen Kopf, während du die
letzte Anrufung wiederholst.

Um diesen Zauber zu verstärken:

- Jupiters Energien sind bei Vollmond besonders stark, daher
  solltest du diesen Zauber möglichst während dieser Mondphase durchführen. Die kombinierten Energien von Mond
  und Jupiter gelten aufgrund der daraus resultierenden besonderen Kraft als der günstigste Zeitpunkt für eine magische Anwendung.
- Falls du von den Umständen völlig entnervt bist, füge dem
  Zauber die Energien des Planeten Venus hinzu, um Emo-

tionen zu deinen Gunsten einzusetzen, vor allem dann, wenn die Medien über deine Situation berichten.

• Als extra Kick für einen sich in die Länge ziehenden Gerichtsfall füge die Energien von Mars hinzu, doch sei dabei vorsichtig und achte darauf, das Problem nicht noch mehr anzuheizen.

Rechtsbeihilfe-Pulver

Benötigte Materialien: Schwarzer Talkumpuder; Gewürznelken (Schutz); Salbei (Schutz und Weisheit); Rosmarin (Schutz); Pfeifentabak (Reinigung); Mörser und Stößel; schwarze Votivkerze; Bohrer.

Anleitung: Zerstoße an einem Dienstag (wenn möglich in der Stunde des Mars oder wenn der Mars positiv aspektiert ist) die angegebenen Zutaten im Mörser zu einem feinen Pulver. Bohre ein Loch in den Boden der Kerze und fülle es mit dem Pulver auf. Am Tag deines Gerichtstermins gib ein wenig von dem Pulver in deine Schuhe. Sorge dafür, dass die schwarze Kerze zu Hause in der Badewanne oder im Spülbecken in der Küche brennt, während du im Gerichtssaal bist.

Lügen in den Medien bannen

Dieser äußerst einfache Zauberspruch stammt aus West Virginia. In der »guten alten Zeit« (einige von uns können sich noch daran erinnern) benutzten wir keine Plastiktüten, um unseren Abfall loszuwerden. Nein. Unsere Mutter wickelte den Abfall in braunes Packpapier oder alte Zeitungen und stopfte dieses übel riechende Paket dann in die Mülltonne.

Wenn jemand dir einen bösen Brief geschrieben hat oder die Medien versuchen, deinen Ruf zu ruinieren, oder irgendein Verrückter totales Chaos in dein Leben bringt, ist es an der

Zeit, diese Negativität zu bannen. Der folgende Zauber wird am besten zur Zeit des Dunkelmondes vorgenommen.

Benötigte Materialien: Abfall (Essensreste eignen sich am besten, da sie vergammeln und übel riechende Dünste entwickeln); braunes Packpapier mit dem Namen des Betreffenden; der Zeitungsartikel oder der beleidigende Brief.

Anleitung: Gib den Abfall auf das Papier. Wickle ihn gut ein und falte das Papier mehrmals. Bei jedem Falten sprich die Worte:

> **Geister und Kobolde,**
> **Zwerge und Gnomen.**
> **Nimm deinen Mist zurück,**
> **du dreckige Ratte.**
> **Möge dir die Zunge erlahmen,**
> **möge deine Stimme versagen.**
> **Nun mach, dass du wegkommst!**

Wirf das Papier mit dem Abfall in die Mülltonne.

Ärger am Arbeitsplatz überwinden

Deine Karriere ist wichtig. Sie bedeutet viel für dich (möglicherweise auch einiges, was sie nicht bedeuten sollte) und bestimmt unter anderem dein Selbstwertgefühl, die Art und Weise, wie du andere Menschen wahrnimmst, und deine Sicherheit. Du kannst keine gute Arbeit leisten, wenn du dich über etwas ärgerst oder wütend bist. Versuche diesen Zauber, um einen klaren Kopf zu behalten.

Benötigte Materialien: Basilikum; Chilipulver; schwarzer Pfeffer; Angelikawurzel; ein schwarzer Bleistift mit herausnehmbarer Mine.

Anleitung: Vermische die Kräuter. Mahle sie zu einem feinen Pulver. Nimm die Mine aus dem Bleistift. Gib stattdessen das Pulver hinein. Lade den Bleistift magisch auf, damit er dir hilft, Ärger und Zorn zu überwinden, und trage ihn immer bei dir.

Praktische Tipps

Es ist völlig in Ordnung, wütend zu sein. Es hat einen guten Grund, dass wir Gefühle haben (in erster Linie, um Stress abbauen zu können). In meinem eigenen Leben gab es öfter Gelegenheiten, bei denen ich so wütend war, dass ich lieber keine magischen Anwendungen vornahm, da ich wusste, dass die Person, die mich in Rage gebracht hatte, mit an Sicherheit grenzender Wahrscheinlichkeit irgendwo in einer Leichenhalle enden würde, wenn ich mich nicht zurückhielt und erst einmal beruhigte. Es ist natürlich, wütend zu werden – es ist Teil der menschlichen Natur. Im Laufe der Jahre werden wir (hoffentlich) reifer, und Dinge, die uns in unserer Jugend und als junge Erwachsene aufgebracht haben, haben nicht mehr die gleiche Wirkung auf uns.

Eine magische Gruppe in Arizona lehrt ihre Schüler, in einer Situation, die sie in Wut versetzt, immer sieben Tage zu warten, bevor sie sich magisch betätigen, damit sie Zeit haben, die Dinge zu überdenken. Dies ist eine sehr empfehlenswerte Regel, die ich selbst schon oft befolgt habe. Das bedeutet jedoch weder, dass du dich in einen gefühllosen Eisberg verwandeln sollst, noch dass du dann, wenn du dich in unmittelbaren Schwierigkeiten befindest, keine gute, wirksame Magie vornehmen kannst. Mach dich ruhig an die Arbeit (nachdem du dir Zeit genommen hast, die Angelegenheit rational zu überdenken), doch vergiss nicht, dass deine Arbeit darin besteht, Negativität abzuwehren und um göttliche Gerechtigkeit zu bitten.

Einen Dieb fangen

Auch wenn wir oft denken, Mord oder Vergewaltigung würden in der wachsenden Welle kriminellen Verhaltens die Statistiken dominieren, sind es in Wahrheit Einbruchs- und einfache Diebstahlsdelikte, die in den meisten amerikanischen Städten die Liste krimineller Vergehen anführen. Wen sollte man in solchen Fällen wohl um Hilfe anrufen, wenn nicht Hekate, die griechische Göttin des Wissens, des Reichtums, der Magie, des Mondes und der Nacht? Unsere Herrin der Nacht wurde als Königin der ruhelosen Geister betrachtet, die erschien, wenn man sie rief, »von Furcht erregenden Schlangen und dichten Eichenblättern umwunden, im leuchtenden Strahl einer brennenden Fackel, während ihre laut kläffenden Hunde sie umsprangen, alle Wiesen und Felder unter ihren Schritten erzitterten und die Nymphen der Sumpfgebiete und Flüsse laut aufschrien«.[3]

Leider waren in unserer Zeit zu viele Gelehrte schnell dabei, diese mächtige Göttin in ein böses Licht zu tauchen (ähnlich wie bei der keltischen Morrigan). Erst in den letzten Jahren wurde ihre Position unter den römischen und griechischen Gottheiten neu bewertet. Dabei wurde ihr nicht nur die Fähigkeit bescheinigt, ihren Anhängern Würde und Glück zu verleihen, sondern auch die Herrschaft über jenen Bereich der Existenz zugestanden, der von den Hexen »zwischen den Welten« genannt wird.

Um einen Dieb zu fangen, solltest du diesen wunderbaren kleinen Zauber anwenden.

Benötigte Materialien: Eine schwarze Kerze; eine Nadel oder ein Nagel; Honig; Spinnweben (echte); ein Stück Papier, auf dem die gestohlenen Gegenstände aufgelistet sind.

---

[3] Robert von Rudloff: *Hekate in Ancient Greek Religion.* Victoria, Canada: Horned Owl Publishing, 1999.

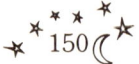

Anleitung: Falls du den Namen des Diebes kennst (ganz sicher und ohne den geringsten Zweifel), ritze ihn mit einer Nadel oder einem Nagel in die Kerze. Solltest du dir nicht hundertprozentig sicher sein, schreibe lieber nichts. Reibe die Kerze mit Honig ein und rolle sie dann in Spinnweben (müsste der Keller nicht sowieso mal wieder aufgeräumt werden?). Schreibe die gestohlenen Gegenstände auf ein Stück Papier und lege das Papier unter die Kerze. Sprich die folgenden Worte:

**Hekate, Mutter der Nacht, Herrscherin über den Mond,
fege mit deinen dunklen Röcken über den,
der mich bestohlen hat.
Wende deine alles sehenden Augen,
die Gestirne deiner Weisheit, in alle Richtungen,
um diesen Dieb ans Licht zu bringen.
Lass ihm keinen Flecken Dunkelheit,
nicht die geringste Deckung,
um sich zu verbergen.
Komm herbei! Große Mutter
der himmlischen Gefilde und der sternenübersäten
Unendlichkeit.
Bring Deine Gerechtigkeit!
Verstricke den Dieb im Netz seines eigenen Betruges!
Und lass ihn nicht ruhen,
bis das, was mir gehört, zu mir zurückgekehrt
und Gerechtigkeit erfolgt ist.
So sei es!**

Lass die Kerze vollständig niederbrennen. Verbrenne anschließend das Papier.

Anmerkung: Du kannst diesen Zauber auch dann ausführen, wenn dir jemand deinen Job weggenommen hat, dich bei einer Beförderung übervorteilt hat oder in eine Position aufgestiegen ist, die du dir verdient hast und die daher eigentlich dir zusteht.

Einen Kriminellen festnageln

Dies ist ein alter volkstümlicher Zauber, den wir nur ein wenig abgeändert haben. Ursprünglich musste man das Bild des Diebes nämlich an einen Baum nageln. Seither sind wir aber zu dem Verständnis gelangt, dass Bäume lebende Wesen sind und es daher nicht verdient haben, mit Hammer und Nagel misshandelt zu werden. Um einen Kriminellen zu fangen (oder jemanden, der sich ruchloser, unmoralischer Taten schuldig gemacht hat), versuche es mit dem folgenden Zauber.

Benötigte Materialien: Hammer; Nägel (Sargnägel, wenn du welche auftreiben kannst); Friedhofserde (oder die Ersatzversion von Seite 121 f.); ein Foto des Kriminellen (falls du nicht weißt, wer der Übeltäter ist, schreibe die verbrecherische(n) Tat(en) auf ein Stück Papier).

Anleitung: Gehe während des Vollmondes oder Neumondes mit dem Hammer, den Nägeln, der Friedhofserde und dem Bild nach draußen. Nagle das Bild auf dem Erdboden fest. Streue Friedhofserde darüber. Bitte den Geist, den Gesetzeshütern bei der Festnahme des Täters zu helfen. (Falls es sich bei der Tat um einen Mord oder ein anderes Gewaltverbrechen handelt, über das die Zeitungen berichtet haben, kannst du den Zeitungsartikel benutzen, wenn du den Namen des Täters nicht kennst.) Streue erneut Friedhofserde darüber. Dieser Zauber braucht ungefähr dreißig Tage, um seine Wirkung voll zu entfalten. Falls der Täter nicht innerhalb von dreißig Tagen überführt worden ist, streue frische Friedhofserde über das auf dem Boden festgenagelte Bild und formuliere deine Bitte noch einmal. Wiederhole diesen Vorgang so lange, bis das Problem gelöst ist.

Um diesen Zauber zu verstärken:

- Nimm ihn an einem Samstag in der Stunde des Saturn vor.
- Führe ihn zur Zeit des Dunkelmondes aus.
- Baue einen Schrein zu Ehren von Hekate und bitte sie, dir immer dann Hilfe zukommen zu lassen, wenn du Schutz für dein Heim oder deine Familie brauchst.

Praktische Tipps

Falls du Opfer eines Verbrechens wirst, versuche, ruhig zu bleiben. Zeige keinerlei Zeichen von Wut oder Verwirrung. Wenn der Angreifer es auf deine Handtasche oder andere Wertobjekte abgesehen hat, wehre dich nicht. Versuche dir bewusst eine Beschreibung deines Angreifers einzuprägen. Als Erinnerungshilfe suche nach entsprechenden Begriffen für das, was du siehst. Benachrichtige umgehend die Polizei. Man wird dich nach deinem Namen fragen und danach, wo du dich befindest. Stelle dich auf diese Fragen ein. Nimm Kontakt auf zu einer örtlichen Organisation zur Unterstützung von Verbrechensopfern. Hilfe zu suchen bedeutet nicht, dass du schwach bist – im Gegenteil.

Andere einfallsreiche Ideen, um Kriminelle dingfest zu machen

- Benutze eine Mausefalle. Lege ein Bild des Übeltäters oder ein Papier mit seinem Namen hinein und lass die Falle zuschnappen. Bitte dabei darum, dass die Gesetzeshüter den richtigen Köder finden, um den Betreffenden zu fangen.
- Stopfe den Namen des Kriminellen oder dir bekannte Einzelheiten des Verbrechens in eine Kakerlakenfalle. Schreibe mit einem schwarzen Stift auf das Äußere der Schachtel das Wort »Gefängnis«.

- Reibe eine schwarze Kerze mit dem Saft von Nachtschatten ein. Ritze das astrologische Zeichen für Saturn ♄ als Symbol für Begrenzung auf die schwarze Kerze. Bepinsele sie anschließend mit einer klebrigen Substanz, wie zum Beispiel Honig. Lade die Kerze magisch auf, um Energien anzuziehen, die bei der Ergreifung des Kriminellen helfen können.
- Schreibe den Namen des Kriminellen beziehungsweise das, was er getan hat, auf die Rückseite eines Fliegenfängers. Fertige mithilfe von Zahnstochern eine Figur des Täters an und klebe sie auf den Fliegenfänger.

Praktische Tipps

Gibt es so etwas wie durch den Mond beeinflusste Verbrechen? Viele Gesetzeshüter sind davon überzeugt. So wie der Mond die Gezeiten unserer Ozeane und unser Wetter beeinflusst, wirkt er sich auch auf die menschlichen Gefühle aus. Vergiss nicht, der Mond repräsentiert Empfänglichkeit, und wenn er voll ist, ist seine Wirkung am stärksten. Es ist kein Witz, wenn behauptet wird, dass im Laufe der Geschichte der Menschheit besonders viele Zauber bei Vollmond vorgenommen wurden. Warum? Unsere Ahnen wussten um die starken Kräfte, die sich manifestieren können, wenn diese kombiniert und in einer sinnvollen Weise angewandt werden. Magisch Praktizierende lernen, die durch den Einfluss des Mondes gesteigerte Kraft ihrer eigenen emotionalen Empfänglichkeit einzufangen und zu nutzen, um Veränderungen zu bewirken. Magische Arbeiten, die bei Vollmond durchgeführt werden, sind wirkungsvoller als solche, die zu anderen Zeiten des Monats erfolgen. Experten haben außerdem auch während der ersten drei Tage vor dem Neumond einen leichten Anstieg des kriminellen Verhaltens festgestellt.[4]

---

[4] Lori Reid, *Moon Magic*. New York: Crown Publishers Inc., 1998, Seite 34.

Schutz-Räucherwerk mit Dreifachwirkung[5]

Dieses Räucherwerk wird für ausgesprochen ruchlose Fälle empfohlen. Es hat einen intensiven Geruch, also achte darauf, den Raum nach einer Anwendung gut zu lüften. Die beste Zeit zur Herstellung ist während des Vollmonds.

Benötigte Materialien: Mörser und Stößel; 1 Esslöffel Kopal; ½ Esslöffel Weihrauch, 1 Teelöffel Myrrhe; 3 Prisen Drachenblutharz; 9 Tropfen Rautenöl; ½ Teelöffel zerstoßenes Eisenkraut; ¼ Teelöffel zerstoßenes Fingerkraut.

Anleitung: Zerkleinere grob das Harz von Kopal, Weihrauch und Myrrhe im Mörser. Füge das Rautenöl hinzu und mische alles sorgfältig. Füge Eisenkraut und Fingerkraut hinzu. Mische das Ganze und bewahre die Mixtur in einem Glasgefäß oder einer Plastiktüte auf. Zünde Räucherkohle an und verbrenne die Mischung bei Bedarf.

---

[5] Rezeptur von Morgana, Besitzerin von »Morgana's Chamber« in New York.

Furchtlose Phantasmen

Es gibt Zeiten, in denen ein vollständiges Ritual erforderlich ist und nicht nur ein Zauberspruch. Dieses besondere Ritual wird durchgeführt, um Kriminelle und Gewalttäter ihrer gerechten Strafe zuzuführen. Zur Unterstützung könnten dabei beispielsweise folgende Göttinnen angerufen werden: Kore (frühgriechisch), Hekate (griechisch), Morrigan (keltisch), Sechmet (ägyptisch) oder Kali (indisch). Die Göttin Kali wird mit verschiedenen Energien assoziiert, unter anderem mit Heilung, Zeit, Tod, Mut, Glück, Bildung, Wissen und Krieg. Sie wird als eine der ursprünglichen Wesenheiten betrachtet und ist als solche überaus mächtig – eine mütterliche Beschützerin für all jene, die ihre Hilfe suchen. Sie ist eine Hindu-Göttin und symbolisiert die Ewigkeit. Sie gibt Leben und sie zerstört es. Manchmal wird sie mit dem Kopf eines Schakals dargestellt. Auch wenn ihre Aspekte der Zerstörung meist besonders betont werden, besänftigt sie gleichzeitig Ängste und sorgt für das natürliche Ende von Situationen, die aus dem Lot geraten sind. Als Dunkle Mutter der Hindus ist sie die dreifache Göttin von Schöpfung, Erhaltung und Zerstörung. Da Kali meist als Menschen verschlingende, Menschen hassende Dämonin dargestellt wird, haben nur wenige westliche Gelehrte die tiefgründige Philosophie des hinduistischen Kali-Glaubens verstanden und viele unzutreffende Interpretationen über sie verbreitet. Das »schöpferische Wort« verdanken wir dieser Göttin, nicht den Christen, die diesen Begriff irgendwann für sich beanspruchten. Kali erinnert mich an eine strenge Südstaatenmutter (wie meine eigene), die Dinge sagt wie: »Ich habe dich auf die Welt gebracht, und ich kann dich auch wieder aus ihr entfernen!«. Kali ist das, was ihr Name bedeutet: Im Werden begriffen.

Benötigte Materialien: Schwarze Leuchtkerzen; Salbei; vier weiße Votivkerzen; drei Spitzkerzen (weiß, rot und

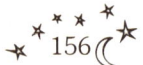

schwarz – das sind die Farben der Kali: Weiß für die Jungfrau, Rot für die Mutter und Schwarz für die weise Alte); ein Bild der betreffenden Person, der Name der Person oder die Situation, mit Drachenbluttinte auf ein Stück Pergament geschrieben (zur Herstellung von Drachenbluttinte mische 1 Teil Drachenblut, 15 Teile Alkohol und 1 Teil Gummi arabicum).

Vorbereitung: Stelle die beiden Leuchtkerzen auf den Altar. Räuchere den Raum mit brennendem Salbei oder dem Schutz-Räucherwerk mit Dreifachwirkung. (Falls du eine praktizierende Magierin bist, richte deinen Altar vollständig her und führe deinen üblichen Weiheritus durch.) Stelle die vier Votivkerzen rund um den Platz, an dem du das Ritual durchführen wirst, an die Positionen der vier Richtungen (Norden, Osten, Süden, Westen). Lege das Bild der Person, das Papier mit ihrem Namen oder der Beschreibung der Situation in die Mitte des Altars oder Tisches. Ritze die Symbole für Saturn (♄), Mars (♂) und Merkur (☿) in die drei Spitzkerzen (rot, weiß und schwarz). Stelle diese Kerzen auf das Bild, den Namen oder die Situation. Zünde die Leuchtkerzen an, falls du es nicht schon getan hast.

Beschwörung des Kreises: Ziehe einen magischen Kreis, indem du dreimal im Uhrzeigersinn den Raum abschreitest und dabei die folgenden Worte sprichst:

Ich beschwöre dich, oh Kreis des Schutzes,
auf dass du mir eine Grenze bist
zwischen der Welt der Menschen und
den Gefilden der mächtigen Geister.
Ein Treffpunkt von Liebe, Vertrauen, Frieden
und Freude.
Ein Kessel schützender Energien,
der die Macht bewahrt, die ich hier beschwöre.
Ich rufe die Wächter des Ostens,
des Südens, des Westens und des Nordens,
auf dass sie mir bei dieser Weihung helfen.
Im Namen des Herrn und der Herrin
beschwöre ich dich,
oh großer Kreis des Schutzes!

Wenn du fertig bist, stampfe mit dem Fuß auf und sage:

Der Kreis ist besiegelt.

Anrufung der vier Himmelsrichtungen: Gehe in jede Richtung, beginnend im Norden, und sprich dabei die Worte:

Seid gegrüßt, Wächter des Nordens *(Ostens, Südens, Westens).*
Ich, *(sprich deinen Namen aus),*
rufe das Element Erde *(Luft, Feuer, Wasser).*
Wecke meine verstorbenen Ahnen
und rufe den Geist herbei *(du kannst an dieser Stelle auch den Namen eines Gottes oder einer Göttin einfügen, der/die zu der jeweiligen Richtung passt),*

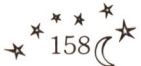
**dieses Ritual zu begleiten und diesen heiligen Ort
zu schützen.
Seid gegrüßt und willkommen!**

Während du dich in jede Richtung begibst, zünde die der Richtung entsprechende Kerze an.

Ablauf des eigentlichen Rituals: Mache einen Schritt nach vorne, nimm die erste der noch nicht angezündeten beschrifteten Kerzen und halte sie fest in der Hand. Visualisiere, wie der Täter für sein Verbrechen verhaftet wird. Halte die Kerze fest, bis du spürst, wie deine Finger von dem Druck zu pulsieren beginnen. Nimm dann einen tiefen Atemzug und zünde die Kerze an. Dann schreite langsam den Kreis ab und bitte jede der vier Richtungen um Gerechtigkeit und Schutz. Benutze dabei deine eigenen Worte – je leidenschaftlicher dein Appell, desto besser. Wenn du den Kreis einmal abgeschritten hast, gehe zurück an den Altar und wiederhole den Vorgang nacheinander mit den anderen beiden beschrifteten Kerzen. Mit der letzten Kerze gehe in die Mitte des Kreises. Halte die Kerze so hoch du kannst, und sage dabei:

**Mächtige Kali, Furcht erregende Mutter!
Göttin der Schöpfung, Erhaltung und Zerstörung.
Dunkle Mutter, höre mich an!
Ich rufe nach Gerechtigkeit!**

Dann erkläre der Göttin genau, was du brauchst. Schreite anschließend den Kreis ein weiteres Mal ab und sprich dabei die folgenden Worte:

**Ich beschwöre ein Phantasma
außerhalb dieses Kreises.
Ich beschwöre ein Phantasma,**

auf dass du deiner gerechten Strafe zugeführt wirst.
Ich beschwöre ein Phantasma,
jede deiner Bewegungen zu verfolgen
und dich davon abzuhalten,
einem anderen armen Narren Schaden zuzufügen.
Ich beschwöre ein Phantasma,
all deine Pläne zu ruinieren.
Ich beschwöre ein Phantasma,
dich überall im Land zu suchen.
Ich beschwöre ein Phantasma
mit Zähnen und Flügeln und züngelnden Flammen.
Ich beschwöre ein Phantasma,
damit es das tut, was ich will!
Ich beschwöre ein Phantasma,
um dich und deine bösen Taten zur Strecke
zu bringen.
Ich beschwöre ein Phantasma,
deinen Hass, deine Gier und deine Sünden
zu erschnüffeln.
Ich beschwöre ein Phantasma,
um der Gerechtigkeit zum Sieg zu verhelfen!

Schreite weiter den Kreis ab und sage dabei:

Eile nun dahin,
mein Phantasma der Gerechtigkeit.
Finde *(Name der Person)*
und konfrontiere ihn mit seinem Karma!
Wenn deine Arbeit getan ist,
begib dich zurück in die Sphären des Geistes.

Strecke deine Arme in die Luft und visualisiere, wie das Phantasma sich außerhalb des Kreises in die Luft erhebt und davoneilt, um seine Aufgabe zu erfüllen. Rechne damit, dass es

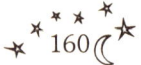

draußen kracht (so etwas kommt vor), während du im Inneren des Kreises sicher bist. Danke Kali für ihre Hilfe. Löse den Kreis auf, indem du die vier Richtungen gegen den Uhrzeigersinn abschreitest und die Wächter entlässt. Stampfe anschließend mit dem Fuß auf und sprich:

Der Kreis ist offen,
doch niemals gebrochen!

Lass alle Kerzen vollständig herunterbrennen.

Um diesen Zauber zu verstärken:

- Führe ihn, wenn möglich, in der Nähe des Meeres aus, da das Meer als Symbol des großen Abgrunds gilt, aus dem Kali die menschliche Rasse geboren hat (die Ur-Tiefe).
- Füge Muscheln, Sand und andere Gegenstände, die das Meer symbolisieren, deinem Altar hinzu.

Wenn es wirklich ernst wird: Das Thesmophoria-Ritual

Thesmophoria ist der Name einer aus alten Zeiten stammenden Zeremonie, die Gesetz und Gerechtigkeit im Namen der griechischen Göttin Demeter anruft. Du brauchst für dieses Ritual ein Athame (magisches Messer oder Dolch).

Benötigte Materialien: Mörser und Stößel; Piment (Heilung); Iris (Schutz); Patschuli (Wollust); Zimt (Macht); Sandelholz (Wünsche); Gewürznelken (Exorzismus); eine schwarze Säulenkerze; ein Foto der Person oder der Name/die Situation, auf ein Stück Papier geschrieben; eine Schale mit Honig; eine Schale mit Milch; zwei Spitzkerzen; vier mit Schutzöl eingeriebene braune Votivkerzen; das Bildnis einer liebevollen Göttin (wir benutzen hier Demeter, doch wenn du möchtest, kannst du auch eine andere Göttin wählen); ein Athame.

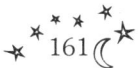

Vorbereitung: Zerstoße Piment, Iris, Patschuli, Zimt, Sandelholz und Gewürznelken im Mörser zu einem feinen Pulver. Höhle den Boden der schwarzen Säulenkerze aus und gib ein wenig von dem Pulver in die Öffnung. Den Rest kannst du beiseite legen und aufbewahren. Lege das Papier oder Foto in die Mitte des Altars. Stelle die schwarze Kerze darauf, links davon die Schüssel mit Milch, rechts davon die mit Honig. Dann stelle die braunen Spitzkerzen als Leuchtkerzen auf den Altar. (Magisch Praktizierende können stattdessen auch ihren vertrauten Altaraufbau und die entsprechende Weihung vornehmen.) Reinige und weihe den Altar. Stelle die Kerzen für die vier Himmelsrichtungen auf die Kompasspunkte des Kreises – Norden, Osten, Süden und Westen.

Beschwörung des Kreises: Schreite den Kreis einmal im Uhrzeigersinn ab und sprich dabei:

> **Über mir und unter mir,**
> **und um mich herum,**
> **beschwöre ich einen Kreis des Schutzes**
> **und der Kraft.**
> **Norden und Osten, Süden und Westen,**
> **eure Energien füge ich diesem Kreis hinzu.**
> **Oh großer Kreis der Kraft, ich beschwöre dich!**
> **Legionen warten auf mein Wort!**
> **Dieser Kreis ist besiegelt.**

Anrufung der vier Himmelsrichtungen: Gehe in jede Richtung, beginnend im Norden, und sprich dabei die Worte:

> **Seid gegrüßt, Wächter des Nordens *(Ostens,***
> ***Südens, Westens).***
> **Ich, *(sprich deinen Namen aus),***
> **rufe das Element Erde *(Luft, Feuer, Wasser).***

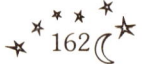

162

Wecke meine verstorbenen Ahnen
und rufe den Geist herbei *(du kannst an dieser
Stelle auch den Namen eines Gottes oder einer
Göttin einfügen, der/die zu der jeweiligen
Richtung passt),*
dieses Ritual zu begleiten und diesen heiligen Ort
zu schützen.
Seid gegrüßt und willkommen!

Während du dich in jede Richtung begibst, zünde die der Richtung entsprechende Kerze an.

Anrufung der Göttin: Stell dich in die Mitte des Kreises. Rufe nun Demeter an, wobei du die Arme ausgestreckt nach oben hältst und die folgenden Worte (oder Worte deiner Wahl) sprichst:

Heilige Mutter,
Göttin der vielen Namen und Gesichter.
Strahlende Mutter,
komm nun zu meinem Ritual.
Große Mutter,
Göttin der Gerechtigkeit,
ich bitte um deine Fürsprache.
Ich weihe dir die Opfergaben von Milch und Honig.
Ich rufe dich in diesen Kreis,
auf dass du mir in meiner Stunde der Not beistehst.

Ablauf des eigentlichen Rituals: Formuliere den Zweck des Rituals und tauche dann das Athame zuerst in die Milch und dann in den Honig. Halte das Athame über die Kerze und sage dabei:

Königin des Mondes,
Königin der Sterne,

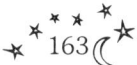

Königin der Hörner,
Königin des Feuers,
Königin der Erde,
bring mir die Gerechtigkeit, die ich suche.
Denn du bist es, strahlende Herrin,
die die Verborgenen Kinder gebiert.[6]

Zünde die Säulenkerze an. Halte das Athame über den Kopf und senke es dann langsam herab, wobei du sprichst:

Gnädige Göttin, heilig und erhaben,
antworte meinem neunfachen Ruf!
Eins – Ich stehe vor deinem Thron.
Zwei – Dich allein rufe ich an!
Drei – Ich halte meine Klinge hoch.
Vier – Steige herab! Der Zauber ist vollbracht!
Fünf – Gib meinem Zauber Leben.
Sechs – Gib deine Kraft in mein Messer.
Sieben – Auf der Erde, im Himmel und im Meer,
oh anmutige Göttin, sei bei mir!
Acht – Eile nun auf meinen Ruf herbei.
Neun – Verleihe meiner Klinge deine Macht![7]

Halte die Klinge über die Kerzenflamme und denke dabei an die Gerechtigkeit, die du suchst. Erlaube der Kraft, durch dich hindurchzufließen, bis du dich in einem veränderten Geisteszustand befindest. Dann visualisiere noch einmal die von dir ersehnte Gerechtigkeit, nimm einen tiefen Atemzug und stoße das Messer in die Säulenkerze (pass auf, dass du dich nicht verbrennst). Dann sprich die Worte:

So sei es!

---

[6] Jessie Wicker Bell: *Grimoire of Lady Sheba*. St. Paul: Llewellyn, 1972.
[7] Jessie Wicker Bell: *Grimoire of Lady Sheba*. St. Paul: Llewellyn, 1972.

Lege das Messer weg. Danke der Gottheit. Schließe das Ritual ab, indem du dich bei den Wächtern der Himmelsrichtungen bedankst und dich von ihnen verabschiedest. Hebe den Kreis entgegen dem Uhrzeigersinn mit den Händen auf.

Lass diese Energie in die Kerze fließen, indem du die Hand über die Flamme hältst (aber nicht zu nahe) und dir dabei vorstellst, wie die Kraft des Kreises in die Kerze übergeht. Sage dazu:

Der Kreis ist offen,
aber niemals gebrochen!

Klatsche in die Hände oder stampfe mit dem Fuß auf. Reinige die Klinge deines Messers. Lass die Kerze vollständig niederbrennen. Lass die Milch und den Honig für die Tiere auf deinem Grundstück draußen stehen. Wenn die Kerze niedergebrannt ist, nimm die restlichen Stücke und verstreue sie auf einer Weg- oder Straßenkreuzung.

Praktische Tipps

Vergewaltigung ist ein schweres Verbrechen, das für die Opfer zutiefst verstörend ist und häufig nicht angezeigt wird. Unabhängig davon, wer diese Tat begeht, handelt es sich immer um einen strafbaren sexuellen Übergriff, der das Opfer verletzt und traumatisiert. Insbesondere dann, wenn der Täter kein Unbekannter ist, haben Opfer von Vergewaltigungen oft das Gefühl, es sei ihr eigener Fehler, und übernehmen fälschlicherweise die Verantwortung dafür. Aus diesem Grund werden solche Verbrechen oft nicht gemeldet. Um eine Vergewaltigung bei einem Rendezvous zu vermeiden, solltest du Folgendes beachten: Fahre immer mit dem eigenen Auto oder verabrede dich immer nur zu mehreren. Mache deinem Gegenüber deine Grenzen deutlich klar. Bleib nüchtern. Höre auf deine innere Stimme. Scheue dich nicht, eine Szene zu machen, wenn du dich bedroht fühlst. Wenn du Opfer einer Vergewaltigung geworden bist, warte nicht ab. Melde den Vorfall umgehend der Polizei. Wenn du wartest, gehen wertvolle Beweise verloren, und die Chancen, den Fall erfolgreich vor Gericht zu bringen, werden geringer.

Praktische Tipps

Bei häuslicher Gewalt ist es nicht sinnvoll, nichts zu unternehmen. Es ist eine kriminelle Handlung, eine andere Person zu bedrohen. Bleib nicht zu Hause, wenn du bedroht oder angegriffen wurdest, sondern begib dich an einen sicheren Ort. Glaube nicht, dass du die Situation allein unter Kontrolle bringen kannst. Rufe einen Notruf für misshandelte Frauen an. Rufe die Polizei an.

Glaube dem Täter niemals, wenn er sagt: »Ich werde dich nie wieder schlagen.« Denke an deine Zukunft! Wenn der Betreffende sich weigert, Hilfe zu suchen, ist es unwahrscheinlich, dass er mit den Misshandlungen aufhören wird. Selbst wenn du niemals gearbeitet hast, kannst du lernen, auf eigenen Füßen zu stehen. Bleibe nicht in einer schlimmen und gefährlichen Situation, nur weil du glaubst, du könntest nirgendwo anders hingehen. Die Weigerung, eine Situation realistisch zu sehen, nennt man Verleugnung. Das ist ein Fall für psychologische Beratung. Viele Frauen gehen nach Hause und zu dem Mann zurück, der sie misshandelt hat, wenn sie nicht angemessen beraten und betreut werden. Opfer häuslicher Gewalt wurden vom Täter oft über lange Zeit hinweg, unter Umständen sogar seit Jahren, einer regelrechten Gehirnwäsche unterzogen. Das Opfer muss umprogrammiert werden, um auf die Dauer zu überleben und wieder gesund zu werden. Glaub mir, ich weiß Bescheid. Vor zweiundzwanzig Jahren war ich selbst eine misshandelte Ehefrau. Du kannst es schaffen. Ich habe es auch geschafft.

Wenn es noch ernster wird: Das Ritual der Furien

Dieses Ritual kann zwar bei allen möglichen Arten widriger Umstände gute Arbeit leisten, doch ursprünglich war es für Eltern gedacht, deren Kindern in irgendeiner Weise von anderen Schaden zugefügt wurde, sowie für Frauen, die Opfer häuslicher Gewalt und Misshandlung wurden. Die Furien sind möglicherweise das älteste Symbol des matriarchalischen Gesetzes der frühen Griechen. Diese weibliche Trinität straft Übeltäter, die sich gegen eine mütterliche Linie vergangen haben. Sie wurden ursprünglich Erinnyen (Rächerinnen) genannt, sind die Töchter der Erde und des Schattens und galten als die ältesten aller Geister, was vielleicht auf den Glauben an Ahnengeister oder die zornigen Geister von Ermordeten zurückzuführen ist. Diese Göttinnen werden in ihren Bemühungen niemals nachlassen, bis das Verbrechen gesühnt ist. Ihnen zu begegnen heißt, mächtige, wild entschlossene Frauen zu sehen, die tödliche Waffen bei sich tragen und auch bereit sind, sie anzuwenden. Wie beim vorhergehenden Ritual sind Milch und Honig angemessene Opfergaben für diese Gottheiten.

Benötigte Materialien: Öl zum Salben; eine Glocke; ein leeres Notizbuch; ein roter Stift; eine schwarze Kerze.

Anleitung: Salbe Stirn, Brustbein, linke Schulter, rechte Schulter und noch einmal die Stirn. Beschwöre einen magischen Kreis. Lege die Handflächen auf Brusthöhe gegeneinander. Schließe die Augen und atme mindestens eine Minute lang tief ein und aus. Stell dir vor, wie das Licht des Universums sich auf den/die Kriminellen richtet. Es macht nichts, wenn du ihre Gesichter nicht erkennen kannst – konzentriere dich einfach darauf, dass die universelle Wahrheit den Kreis und die ganze Situation erfüllt.

Lege dann die Arme an die Seite und nimm die Füße leicht auseinander. Hebe langsam die Arme über den Kopf und lass das heilige Licht in deinen Körper fließen. Sprich dabei die folgenden Worte:

Töchter der Erde und des Schattens,
Rächerinnen des Universums, hört mein Flehen!

Lass die Glocke erklingen. Lege die Hände auf das offene Notizbuch und halte den roten Stift über die Seiten. Sag dazu:

Indem ich den Namen des Übeltäters aufschreibe,
bitte ich um Gerechtigkeit!

Schreibe den Namen in das Buch. Lass die Glocke dreimal erklingen. Halte die Hände über die schwarze Kerze und sage dabei:

Indem ich diese Kerze entzünde,
bringe ich Gerechtigkeit herbei!

Zünde die Kerze an. Lass die Glocke wieder dreimal erklingen. Stelle die Glocke und die Kerze auf das Notizbuch. Mache einen Schritt zurück, klatsche in die Hände und sage:

Glocke, Buch und Kerze,
keine Opfer mehr, keine Missetäter mehr.
Glocke, Buch und Kerze,
Furien rechts und Furien links,
fangt sie jetzt, die Gerechtigkeit siegt;
Glocke, Buch und Kerze.

Wiederhole diese Verse, sooft es für dich stimmig ist, und visualisiere dabei die Furien, wie sie vom Himmel herabstoßen

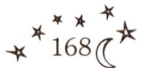
und den/die Verbrecher ergreifen. Falls du eine Trommel oder eine Rassel hast, kannst du diese Instrumente benutzen, um damit noch mehr Kraft aufzubauen.

Wenn du das Gefühl hast, dass der Prozess abgeschlossen ist, läute die Glocke wieder dreimal. Hebe den Kreis auf. Lass die Kerze vollständig niederbrennen. Wenn der Verbrecher gefasst und seiner gerechten Strafe zugeführt worden ist, verbrenne das Notizbuch. Benutze das Buch nicht für irgendeinen anderen Zweck.

Tipps zum Melden verdächtiger Aktivitäten

Was haben solche Ratschläge in einem magischen Buch zu suchen? Nun, dass du zaubern kannst, bedeutet noch lange nicht, dass du in deiner Wachsamkeit nachlassen solltest. Falls du Augenzeuge eines Verbrechens bist oder verdächtige Aktivitäten beobachtest, solltest du versuchen, dir die nachstehenden Fakten einzuprägen.

Wenn es sich um ein Auto handelt:

- Nummernschild
- Farbe des Wagens
- Wagentyp (zweitürig, viertürig, Lieferwagen, Cabrio etc.)
- Ort und Fahrtrichtung
- Beschreibung der Insassen

Wenn es sich um eine Person handelt:

- Rasse
- Geschlecht
- Größe und Gewicht
- Gesichtsmerkmale: Haarfarbe, Haarlänge, Bart, Brille, Narben, fehlende Zähne

- Bekleidung: Hut, Jacke, Hemd, Hose, Schuhe, Kleid, Bluse, Rock
- Ungewöhnliche Angewohnheiten oder auffallende Charakteristika
- Ort, an dem sich der Betreffende befand, oder Richtung, in die er ging
- Sei aufmerksam. Sei wachsam. Sei selbstsicher!

Dinge verarbeiten

Wann immer uns etwas Schlimmes passiert ist, tragen wir anschließend noch längere Zeit Wut und Frustration mit uns herum. Auch wenn wir uns vielleicht mit der Situation auseinander setzen und etwas unternehmen, damit dasselbe nicht wieder vorkommen kann, müssen wir dennoch diese Wut irgendwie kanalisieren. Wenn wir uns weigern, unsere negativen Gefühle anzuschauen und zu klären, kann möglicherweise Folgendes passieren:

- Du wirst krank – eine Erkältung, eine Grippe oder auch etwas Schlimmeres. Mir sind im Laufe der Jahre immer wieder Rückenverletzungen bei Menschen aufgefallen, die mit traumatischen Ereignissen zu tun hatten, wobei der Betreffende dachte, das Schicksal der Welt läge auf seinen Schultern, und er davon überzeugt war, letzten Endes zu versagen.
- Deine Persönlichkeit wird Negativität, Bitterkeit und ähnliche Gefühle reflektieren. Solchen Menschen begegnen wir ständig, nicht wahr? Wenn ich von einem besonders unangenehmen Menschen höre, frage ich mich immer, welches Ereignis (oder welche Ereignisse) denjenigen so weit gebracht hat.
- Die Negativität deines Zorns und deiner Frustration beeinflusst deine Umgebung und bringt dich unweigerlich dem

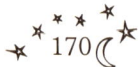

näher, wovor du dich am meisten fürchtest, sei es nun Armut oder ein anderer negativer Zustand.

- Du vergräbst deinen Zorn vollständig in deinem Unterbewusstsein, bis er sich Jahre später auf eine emotional lähmende Weise manifestiert.

Im Laufe der Zeit habe ich verschiedene Möglichkeiten gefunden, wie man mit diesem Zorn umgehen kann.

- Webe die Negativität in Schnüre, die du anschließend verbrennen kannst, oder in einen Kranz aus Pflanzen, die du dann in ein fließendes Gewässer wirfst.
- Setze dich aufrecht hin, atme mehrmals tief ein und aus und stell dir dabei vor, wie die negative Energie deinen Körper verlässt und er stattdessen von positiver Energie erfüllt wird. Hebe den rechten Arm, bis er sich parallel zum Boden befindet, und strecke die Muskeln, wobei du die Handfläche nach oben und nach unten drehst. Achte darauf, den Arm nicht zu überdehnen. Dann lass den Arm langsam in den Schoß sinken, wobei du die Handflächen zu einer Schale formst, so als würdest du das Wasser des Lebens darin halten. Nun wiederhole denselben Vorgang mit dem linken Arm. Nimm einen tiefen Atemzug und lass dich in einen Zustand der Entspannung sinken. Bleib so lange in dieser Position, wie du möchtest. Du kannst diese Übung in Kombination mit jeder anderen Meditations- oder Visualisierungssequenz einsetzen. Außerdem ist es auch eine gute Übung zu Beginn oder am Ende deiner täglichen Altarweihe.
- Banne deine Wut, indem du einen Brief schreibst, der deine Gefühle detailliert zum Ausdruck bringt. Rufe die römische Göttin Vesta an und bitte sie um innere Reinigung. Anschließend verbrenne den Brief in einem rituellen Feuer.

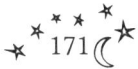

Dinge zu Ende führen

Es wird Situationen geben, in denen das Ärgste zwar vorbei ist, es jedoch noch lose Enden gibt, um die man sich kümmern muss. Oftmals versuchen wir, diese kleinen Irritationen beiseite zu schieben, doch sie werden zurückkommen und uns verfolgen, also sollten wir diesbezüglich lieber gleich etwas unternehmen. Falls diese losen Enden einen anderen Menschen betreffen, mit dem du noch in Kontakt bist, dann könnt ihr den folgenden Zauber gemeinsam vornehmen. Ein Beispiel: Zwei Freunde hatten einen Streit, haben das Schlimmste geklärt und müssen nun den Rest der Problematik lösen, wenn sie ihre Beziehung nicht endgültig gefährden wollen.

Benötigte Materialien: Mehrere Meter schwarzes Band; ein kleiner Pappteller; ein Locher; eine verschließbare Plastiktüte, die groß genug ist, dass der Pappteller hineinpasst; Papiertaschentücher, sofern du dieses Ritual mit einem Partner durchführst (glaub mir, du wirst sie brauchen).

Anleitung: Ziehe einen Kreis und rufe die vier Richtungen an. Bitte den Gott oder die Göttin um Unterstützung. Schneide so viele Bänder (ca. 40 Zentimeter lang) zurecht, wie du ungelöste Probleme hast, plus ein Band für das »Unbekannte« – alles, was du vielleicht vergessen hast oder im Moment noch nicht erkennen kannst. Stanze die entsprechende Anzahl von Löchern rund um die Außenkante des Papptellers. Führe jedes Band durch ein Loch und visualisiere dabei die Probleme als gelöst. Mache einen Knoten in beide Enden des jeweiligen Bandes und sage dabei:

Der Kreislauf von Zorn, Hass und Verletzung
ist durchtrennt.
Ich werde nicht vom Strom der Negativität mitgerissen.
So sei es!

Falls du dieses Ritual mit einem Partner ausführst, mit dem du ein gemeinsames Problem lösen möchtest, mach dich darauf gefasst, dass Tränen fließen werden. Die Katharsis, die durch das Weinen erlebt wird, ist gut für die Seele, also versucht bitte nicht, die Tränen zurückzuhalten.

Wenn du fertig bist, bringe dem Universum den mit Bändern verzierten Teller als Opfergabe dar und bitte um Beendigung der Situation. Stecke den Teller in eine Plastiktüte. Wenn du möchtest, füge Heilkräuter hinzu. Vergrabe die Tüte anschließend außerhalb deines Grundstücks.

Praktische Tipps

Falls du Opfer eines Gewaltverbrechens geworden bist, wirst du die emotionalen Auswirkungen höchstwahrscheinlich noch längere Zeit spüren. Unterdrücke nicht deine Gefühle von Wut und Frustration. Mache dir klar, dass es nichts gibt, wofür du dich schämen müsstest. Wenn du ein Freund oder Verwandter eines Opfers bist, lasse dem/der Betreffenden deine emotionale Hilfe zukommen und nimm dir Zeit zum Zuhören. Es gibt verschiedene Organisationen und Gruppen, die dazu da sind, Menschen bei der Verarbeitung solcher traumatischen Erlebnisse zu helfen. Es mag eine gute Idee sein, mit solch einer Organisation Kontakt aufzunehmen (vielleicht kann deine Krankenversicherung, die örtliche Polizeistelle oder die Telefonseelsorge entsprechende Adressen und Telefonnummern vermitteln).

Nachwort

Ich hoffe von ganzem Herzen, dass die Zaubersprüche und praktischen Vorschläge in diesem Buch dein Leben auf positive, produktive Weise bereichern. Ich möchte dich aber noch einmal daran erinnern, dass diese Zauber nicht als Ersatz für die notwendigen praktischen Schritte in jedweder Situation gedacht sind, in der du dich befinden magst, und dass sie nicht die Stelle notwendiger medizinischer oder juristischer Beratung einnehmen sollten.

Und vergiss auch nicht: Rufe niemals etwas herbei, was du nicht wieder loswerden kannst, auf der realen wie auf der geistigen Ebene!

In Liebe,
Silver RavenWolf

Anhang

Anhang 1: Einmaleins der Kräuter

Schutzkräuter
Andorn
Angelikawurzel
Basilikum
Beinwell
Bergulme
Brennessel
Comfrey
Efeu
Eisenkraut
Fenchel
Gewürznelke
Hahnenkamm
Hundszunge
Johanniskraut
Knoblauch
Lorbeer
Mandragora
Mistel
Raute
Ringelblume
Rosmarin
Salbei
Salomonssiegel
Schafgarbe
Sonnenblume
Stechpalme
Teufelsdreck
Zimt

**Kräuter zum
Aufheben von
Flüchen**
Andorn
Angelikawurzel
Bilsenkraut
Eibe
Brennessel
Nachtschatten
Raute
Salomonssiegel
Schafgarbe
Schierling

**Kräuter zum
Segnen von
Haus und Hof**
Angelikawurzel
Basilikum
Braunwurz
Eberesche
Fingerkraut
Holunderblüten
Iris
Kampfer
Kiefernadeln
Knoblauch
Lavendel
Lorbeer
Mandragora
Orangenschale
Raute

Rosmarin
Schlüsselblume
Spitzwegerich

**Kräuter für
Exorzismus**
Andorn
Angelikawurzel
Basilikum
Cumin
Distel
Drachenblut
Flieder
Erdrauch
Gewürznelken
Heliotrop
Kiefernadeln
Knoblauch
Löwenmäulchen
Malve
Mistel
Myrrhe
Pfeffer
Pfefferminze
Raute
Rosmarin
Salbei
Sandelholz
Schafgarbe
Wacholderbeeren
Weihrauch

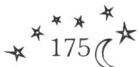

Anhang 2: Einmaleins der Farbmagie

Schau in der folgenden Liste nach, wenn du dir nicht sicher bist, aber betrachte diese Informationen nicht als das letzte Wort zum Thema Farbmagie.

Korrespondenzen der Farbmagie

Farbe	Zweck
Schwarz	Rücksendung an den Urheber; Weissagung; negative Arbeit; Schutz
Blauschwarz	Für verletzten Stolz; bei Knochenbrüchen; für himmlischen Schutz
Dunkelviolett	Zum Anrufen der Macht der Ahnen; Siegel/Runen; Regierung
Lavendel	Um das höhere Selbst im eigenen Inneren zu wecken; um anderen einen Gefallen zu tun
Dunkelgrün	Zur Anrufung der Göttin der Erneuerung; Landwirtschaft; finanzielle Angelegenheiten
Mintgrün	Finanzieller Gewinn (auch mit Gold/Silber)
Grün	Heilung oder Gesundheit; nördlicher Kardinalpunkt
Avocadogrün	Anfänge
Hellgrün	Zur Wetterbesserung
Indigoblau	Zur Enthüllung tiefer Geheimnisse; Schutz auf der astralen Ebene; Abwehr
Dunkelblau	Um Verwirrung zu stiften (zusammen mit Weiß verwenden, sonst eigene Verwirrung)
Blau	Schutz
Königsblau	Macht und Schutz
Hellblau/ Blassblau	Schutz des Heims; Gebäude; Kinder; junge Männer
Rubinrot	Leidenschaftliche Liebe oder Zorn
Rot	Liebe; romantische Atmosphäre; Energie; südlicher Kardinalpunkt

Farbe	Zweck
Hellrot	Tiefe Zuneigung nicht sexueller Natur
Dunkelrosa	Harmonie und Freundschaft zu Hause
Rosa	Harmonie und Freundschaft mit Menschen allgemein; bindende Magie
Hellrosa	Freundschaft; junge Frauen
Gelb	Heilung; östlicher Kardinalpunkt
Dunkles Gold	Wohlstand; Sonnenmagie
Gold	Anziehungskraft
Helles Gold	Wohlstand und Gesundheit
Dunkles Orange	Gelegenheiten
Orange	Materieller Gewinn; zur Besiegelung eines Zaubers; Anziehungskraft
Dunkelbraun	Bitte um den Segen von Mutter Erde
Braun	Frieden im eigenen Zuhause; Kräutermagie; Freundschaft
Hellbraun	Materieller Gewinn im eigenen Zuhause
Silber	Schnelles Geld; Glücksspiel; Anrufung des Mondes; Mondmagie
Gebrochenes Weiß	Innerer Frieden
Lilienweiß	Mutter-Kerze (wird zu Beginn jeder neuen Mondphase dreißig Minuten lang angezündet)
Weiß[1]	Rechtschaffenheit; Reinheit; Weihe-Magie; östlicher Kardinalpunkt
Grau	Gestaltzauber

Farben für die Wochentage

Montag – Weiß
Dienstag – Rot
Mittwoch – Violett
Donnerstag – Grün

Freitag – Blau
Samstag – Schwarz
Sonntag – Gelb

---

[1] Weiß lässt sich als Ersatz für jede andere Farbe einsetzen.

Anhang 3: Astrologische Symbole

Zur Benutzung beim Beschriften von Kerzen.

Tierkreis-zeichen	Symbol	Bedeutung
Widder	♈	Für den Beginn eines Projekts
Stier	♉	Für Komfort und Luxus
Zwilling	♊	Für Änderungen in der Kommunikation
Krebs	♋	Für positive Emotionen
Löwe	♌	Für den Schutz deines Besitzes
Jungfrau	♍	Für die bessere Übersicht über Details
Waage	♎	Um Gerechtigkeit zu bringen
Skorpion	♏	Um alles zu intensivieren
Schütze	♐	Um Humor und Freunde ins Leben zu bringen
Steinbock	♑	Für die Planung von Geschäfts-finanzen
Wassermann	♒	Für Veränderung und Freiheit
Fische	♓	Für Kontakt zur geistigen Welt

Planeten und ihre Bedeutung

☉	Sonne	=	Erfolg
☽	Mond	=	Familie
♀	Venus	=	Liebe und schnelles Geld
♂	Mars	=	Aktivierung
☿	Merkur	=	Kommunikation
♃	Jupiter	=	Expansion
♄	Saturn	=	bannende oder einengende Energie

Anhang 4: Planetenstunden[1]

Die Wahl des günstigsten Zeitpunkts für den Beginn eines Zaubers ist von großer Bedeutung. Wenn eine Sache einmal in Gang gesetzt wurde, existiert sie unter den Bedingungen weiter, unter denen sie begonnen wurde.

Jede Stunde des Tages wird von einem Planeten und damit von dessen Attributen beherrscht. Du wirst feststellen, dass Uranus, Neptun und Pluto bei den Planetenstunden nicht berücksichtigt sind. Das liegt daran, dass sie als höhere Oktave von Merkur, Venus beziehungsweise Mars betrachtet werden. Wenn etwas zum Beispiel von Uranus beherrscht wird, kannst du den entsprechenden Zauber in der Stunde Merkurs wirken.

Die einzige weitere Information, die du brauchst, um die Planetenstunden zu benutzen, ist der Zeitpunkt des Sonnenauf- und Sonnenuntergangs an dem betreffenden Tag in deiner Gegend. Das lässt sich in der Regel der örtlichen Tageszeitung entnehmen.

Hinweis: Der Zeitpunkt des Sonnenauf- und Sonnenuntergangs wird sich von dem nachfolgenden Beispiel unterscheiden, wenn du in einer anderen Gegend wohnst. Die jeweiligen Breiten- und Längengrade sind in den Angaben deiner Tageszeitung jedoch bereits berücksichtigt.

Erster Schritt: Finde in der Tageszeitung den Zeitpunkt des örtlichen Sonnenauf- und Sonnenuntergangs für den von dir gewählten Tag heraus. Wir nehmen hier als Beispiel den 2. Januar 1999 an einem Ort auf dem zehnten Breitengrad.

---

[1] Die Informationen zu den Planetenstunden sind entnommen aus: *Llewellyn's 2000 Daily Planetary Guide.*

Der Zeitpunkt des Sonnenaufgangs am 2. Januar 1999 auf dem zehnten Breitengrad ist 6.16 Uhr und der des Sonnenuntergangs 17.49 Uhr.

Zweiter Schritt: Subtrahiere den Zeitpunkt des Sonnenaufgangs (6.16 Uhr) von der Zeit des Sonnenuntergangs (17.49 Uhr), um die Zahl der astrologischen Tagstunden zu erhalten. Das ist leichter, wenn du die Stunden in Minuten umrechnest. Zum Beispiel ergeben 6 Stunden und 16 Minuten 376 Minuten, 17 Stunden und 49 Minuten ergeben 1069 Minuten. Und jetzt führst du die Subtraktion durch: 1069 Minuten minus 376 Minuten ergibt 693 Minuten.

Dritter Schritt: Als Nächstes musst du bestimmen, wie viele Minuten jede Tag-Planetenstunde an diesem bestimmten Tag hat. Dafür dividierst du 693 Minuten (die Anzahl der Tagminuten) durch 12. Das Ergebnis ist 58 (aufgerundet). Also hat eine Tag-Planetenstunde am 2. Januar 1999 auf dem zehnten Breitengrad 58 Minuten.

Vierter Schritt: Nun weißt du, dass jede Tag-Planetenstunde an diesem Tag ungefähr 58 Minuten lang ist. Außerdem weißt du, dass die Sonne um 6.16 Uhr aufgeht. Um den Beginn jeder Planetenstunde herauszufinden, addierst du für die erste Planetenstunde einfach 58 Minuten zur Zeit des Sonnenaufgangs (6.16 Uhr) hinzu und wiederholst das für jede weitere Planetenstunde. Entsprechend dauert die erste Stunde in unserem Beispiel von 6.16 Uhr bis 7.14 Uhr. Die zweite Stunde beginnt um 7.14 Uhr und dauert bis 8.12 Uhr, und so weiter. Wegen der Aufrundung der Minutenzahl wird die letzte Stunde nicht genau zum Zeitpunkt des Sonnenuntergangs enden. Deshalb solltest du dir immer ein wenig Spielraum geben, wenn du mit Planetenstunden arbeitest.

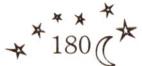

Fünfter Schritt: Um herauszufinden, welches Zeichen welche Tag-Planetenstunde regiert, schaust du in deinem Kalender nach, auf welchen Wochentag der 2. Januar 1999 fällt.
Du wirst feststellen, dass es ein Samstag ist. Geh nun zur Ta-
belle der Sonnenaufgangs-Planetenstunden auf Seite 181. In
der Spalte für den Samstag siehst du, dass die erste Stunde
von Saturn regiert wird, die zweite von Jupiter, die dritte von
Mars, und so weiter.

Sechster Schritt: Damit hast du die Tag- oder Sonnenaufgangs-Planetenstunden festgelegt. Du kannst jetzt die gleiche Formel anwenden, um die Nachtstunden (ab Sonnenuntergang) zu bestimmen, indem du den Sonnenuntergang als
Anfangszeit und den Sonnenaufgang am nächsten Tag als
Endzeit nimmst. Wenn du beim fünften Schritt angelangt bist,
vergiss nicht, anstelle der Sonnenaufgangs-Tabelle die Son-
nenuntergangs-Tabelle auf Seite 182 zu benutzen.

Planetenstunden
ab Sonnenaufgang

Stunde	Sonntag	Montag	Dienstag	Mittwoch	Donnerstag	Freitag	Samstag
1	Sonne	Mond	Mars	Merkur	Jupiter	Venus	Saturn
2	Venus	Saturn	Sonne	Mond	Mars	Merkur	Jupiter
3	Merkur	Jupiter	Venus	Saturn	Sonne	Mond	Mars
4	Mond	Mars	Merkur	Jupiter	Venus	Saturn	Sonne
5	Saturn	Sonne	Mond	Mars	Merkur	Jupiter	Venus
6	Jupiter	Venus	Saturn	Sonne	Mond	Mars	Merkur
7	Mars	Merkur	Jupiter	Venus	Saturn	Sonne	Mond
8	Sonne	Mond	Mars	Merkur	Jupiter	Venus	Saturn
9	Venus	Saturn	Sonne	Mond	Mars	Merkur	Jupiter
10	Merkur	Jupiter	Venus	Saturn	Sonne	Mond	Mars
11	Mond	Mars	Merkur	Jupiter	Venus	Saturn	Sonne
12	Saturn	Sonne	Mars	Mars	Merkur	Jupiter	Venus

Planetenstunden
ab Sonnenuntergang

Stunde	Sonntag	Montag	Dienstag	Mittwoch	Donnerstag	Freitag	Samstag
1	Jupiter	Venus	Saturn	Sonne	Mond	Mars	Merkur
2	Mars	Merkur	Jupiter	Venus	Saturn	Sonne	Mond
3	Sonne	Mond	Mars	Merkur	Jupiter	Venus	Saturn
4	Venus	Saturn	Sonne	Mond	Mars	Merkur	Jupiter
5	Merkur	Jupiter	Venus	Saturn	Sonne	Mond	Mars
6	Mond	Mars	Merkur	Jupiter	Venus	Saturn	Sonne
7	Saturn	Sonne	Mond	Mars	Merkur	Jupiter	Venus
8	Jupiter	Venus	Saturn	Sonne	Mond	Mars	Merkur
9	Mars	Merkur	Jupiter	Venus	Saturn	Sonne	Mond
10	Sonne	Mond	Mars	Merkur	Jupiter	Venus	Saturn
11	Venus	Saturn	Sonne	Mond	Mars	Merkur	Jupiter
12	Merkur	Jupiter	Venus	Saturn	Sonne	Mond	Mars

Anhang 5: Mondphasen

Neumond

- Der Mond steht 0 bis 45 Grad vor der Sonne
- Der Mond geht am Morgen auf und bei Sonnenuntergang unter; um seine Energien voll nutzen zu können, solltest du dich an diesen Zeitraum halten
- Diese Phase dauert vom exakten Neumond bis dreieinhalb Tage danach
- Gut für Anfänge
- Geeignet für magische Arbeiten in Bezug auf Schönheit, Gesundheit, Landwirtschaft und Garten, Jobsuche, Liebe und Romantik, Aufbauen von Netzwerken, kreative Unternehmungen
- Heidnischer Feiertag: Wintersonnenwende (21. Dezember)[2]
- Göttinnenname: Rosemertas Mond
- Göttinnenenergie: Göttinnen des Wachstums
- Opfergabe: Milch und Honig
- Thema: Fülle
- Rune: Fehu für Fülle; Kano für Öffnung; Gebo für Liebe
- Tarot-Entsprechung: Der Narr

Zunehmende Sichel

- Der Mond befindet sich 45 bis 90 Grad vor der Sonne
- Der Mond geht am Vormittag auf, bei Sonnenuntergang unter; um seine Energien voll zu nutzen, solltest du dich an diesen Zeitraum halten

---

[2] Aufgrund der astrologischen Zeiteinteilung fallen Sonnenwenden und Tagundnachtgleichen nicht immer auf den gleichen Tag. Auch die übrigen Festtage variieren je nach praktizierter Tradition.

- Diese Phase dauert von dreieinhalb bis sieben Tage nach Neumond
- Gut für das Bewegen von Dingen
- Geeignet für magische Arbeiten in Bezug auf Tiere, geschäftliche Angelegenheiten, Veränderungen, Emotionen, matriarchalische Kraft
- Heidnischer Feiertag: Imbolc (2. Februar)
- Göttinnenname: Brigids Mond
- Göttinnenenergie: Wassergöttinnen
- Opfergabe: Kerzen
- Thema: Manifestation
- Rune: Berkana für Anfänge; Ingwaz für Fokus
- Tarot-Entsprechung: Der Magier

Erstes Viertel

- Der Mond befindet sich 90 bis 135 Grad vor der Sonne
- Der Mond geht mittags auf und um Mitternacht unter; um seine Energien voll zu nutzen, solltest du dich an diesen Zeitraum halten
- Diese Phase beginnt am siebten Tag nach Neumond und dauert dreieinhalb Tage
- Gut für das Formen der Dinge
- Geeignet für magische Arbeiten in Bezug auf Mut, Elemente, Freunde, Glück und Motivation
- Heidnischer Feiertag: Frühlings-Tagundnachtgleiche (21. März)
- Göttinnenname: Persephones Mond
- Göttinnenenergie: Luftgöttinnen
- Opfergabe: Federn
- Thema: Glück, gutes Gelingen
- Rune: Algiz für Glück und gutes Gelingen; Jera für Verbesserung; Uruz für Kraft
- Tarot-Entsprechung: Die Kraft/Die Lust oder Der Stern

Zunehmender Dreiviertelmond

- Der Mond befindet sich 135 bis 180 Grad vor der Sonne
- Der Mond geht am Nachmittag auf und gegen 3 Uhr früh unter; um seine Energien voll zu nutzen, solltest du dich an diesen Zeitraum halten
- Diese Phase beginnt zehneinhalb Tage nach Neumond und dauert dreieinhalb Tage (14. Tag nach Neumond)
- Gut für die Beschäftigung mit Details
- Geeignet für magische Arbeiten in Bezug auf Mut, Geduld, Frieden, Harmonie
- Heidnischer Feiertag: Beltaine (1. Mai)
- Göttinnenname: Nuits Mond
- Göttinnenenergie: Sternengöttinnen
- Opfergabe: bunte Bänder
- Thema: Vollkommenheit
- Rune: Ansuz für Eloquenz; Wunjo für Erfolg, Dagaz für Erleuchtung
- Tarot-Entsprechung: Die Welt/Das Universum

Vollmond

- Der Mond befindet sich 180 bis 225 Grad vor der Sonne
- Der Mond geht bei Sonnenuntergang auf und bei Sonnenaufgang unter; um seine Energien voll zu nutzen, solltest du dich an diesen Zeitraum halten
- Diese Phase beginnt am 14. Tag nach Neumond und dauert dreieinhalb Tage
- Gut für den Abschluss eines Projekts
- Geeignet für magische Arbeiten in Bezug auf künstlerische Bestrebungen, Schönheit, Gesundheit, Kinder, Wettbewerbe, Träume, Familien, Wissen, juristische Angelegenheiten, Liebe, Romantik, Geld, Motivation, Schutz, übersinnliche Kräfte
- Heidnischer Feiertag: Sommersonnenwende (21. Juni)

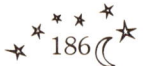

- Göttinnenname: Sechmets Mond
- Göttinnenenergie: Feuergöttinnen
- Opfergabe: Blumen
- Thema: Macht
- Rune: Sowelo
- Tarot-Entsprechung: Die Sonne

Abnehmender Dreiviertelmond

- Der Mond befindet sich 225 bis 270 Grad vor der Sonne
- Der Mond geht am Abend auf und am Vormittag unter; um seine Energien voll nutzen zu können, solltest du dich an diesen Zeitraum halten
- Diese Phase beginnt dreieinhalb Tage nach dem Vollmond und endet dreieinhalb Tage später (am 7. Tag)
- Gut für schöpferische Zerstörung
- Geeignet für magische Arbeiten in Bezug auf Suchtverhalten, Entscheidungen, Scheidung, Emotionen, Stress, Schutz
- Heidnischer Feiertag: Lammas (1. August)
- Göttinnenname: Hekates Mond
- Göttinnenenergie: Erdgöttinnen
- Opfergabe: Getreide oder Reis
- Thema: Neueinschätzung (einer Situation etc.)
- Rune: Thurisaz für Zerstörung; Algiz für Schutz
- Tarot-Entsprechung: Der Turm (für Zerstörung); Rad des Schicksals/Glück (für Schutz)

Letztes Viertel

- Der Mond befindet sich 270 bis 315 Grad vor der Sonne
- Der Mond geht um Mitternacht auf und am Mittag unter; um seine Energien voll nutzen zu können, solltest du dich an diesen Zeitraum halten
- Diese Phase beginnt 7 Tage nach dem Vollmond und dauert dreieinhalb Tage (bis zum 10. Tag)

- Gut für völlige Zerstörung
- Geeignet für magische Arbeiten in Bezug auf Suchtverhalten, Scheidungen, Abschließen/Vollendung, Gesundheit und Heilung (bannend), Stress, Schutz, die Ahnen
- Heidnischer Feiertag: Herbst-Tagundnachtgleiche (21. September).
- Göttinnenname: Der Mond der Morrigan
- Göttinnenenergie: Erntegöttinnen
- Opfergabe: Räucherwerk
- Thema: Bannen
- Rune: Hagalaz; Kenaz zum Bannen; Nauthiz, um die Dinge oder eine Situation umzudrehen; Isa, um Bindungen herbeizuführen
- Tarot-Entsprechung: Das Gericht/Das Äon

Abnehmende Sichel oder Dunkelmond

- Der Mond befindet sich 315 bis 360 Grad vor der Sonne
- Der Mond geht um drei Uhr nachts auf und am Nachmittag unter; um seine Energien voll zu nutzen, solltest du dich an diesen Zeitraum halten
- Die Phase beginnt zehneinhalb Tage nach dem Vollmond und dauert dreieinhalb Tage (bis zum 14. Tag)
- Gut zum Ausruhen
- Geeignet für magische Arbeiten in Bezug auf Suchtverhalten, Veränderung, Scheidung, Feinde, Gerechtigkeit, Hindernisse, Streitereien, Entfernen von Dingen, Trennung, das Aufhalten von Verfolgern und Verhindern von Diebstahl
- Heidnischer Feiertag: Samhain (31. Oktober)
- Göttinnenname: Kalis Mond
- Göttinnenenergie: Dunkle Göttinnen
- Opfergabe: Ehrlichkeit
- Thema: Gerechtigkeit
- Rune: Teiwaz für Gerechtigkeit; Kenaz zum Bannen
- Tarot-Entsprechung: Die Gerechtigkeit/Die Ausgleichung

Literaturverzeichnis

Biedermann, Hans: *Knaurs Lexikon der Symbole*. München: Droemer Knaur, 1989

Cunningham, Scott: *Cunningham's Encyclopedia of Magical Herbs*. St. Paul: Llewellyn, 1992

Dixon-Kennedy, Mike: *Celtic Myth & Legend, An A–Z of People and Places*. London: Blandford Publishing, 1996

Hopman, Ellen Evert: *A Druid's Herbal for the Sacred Earth Year.* Rochester: Destiny Books, 1995

Imel, Martha Ann; Myers, Dorothy: *Goddesses in World Mythology.* New York: Oxford University Press, 1993

Jones, Allison: *Larousse Dictionary of World Folklore.* Edinborough: Larousse, 1995

Leach, Maria (Hrsg.): *Funk & Wagnall's Standard Dictionary of Folklore, Mythology and Legend.* San Francisco: Harper, 1972

Leek, Sybil: *Sybil Leek's Book of Curses.* Englewood Cliffs: Prentice-Hall, 1970

Leek, Sybil: *How To Be Your Own Astrologer.* New York: Cowles Book Company, 1970

Liungmann, Carl G.: *Dictionary of Symbols.* New York: W.W. Norton & Co., 1991

Martin, Richard: *Bulfinch's Mythology.* New York: HarperCollins, 1991

Mercatante, Anthony S.: *Facts on File Encyclopedia of World Mythology and Legend.* New York: Oxford, 1988

Mickaharic, Draja: *Spiritual Cleansing.* York Beach: Samuel Weiser, 1982

Randolph, Vance: *Ozark Magic and Folklore.* New York: Dover Publications, 1947

RavenWolf, Silver: *To Light a Sacred Flame* München: Heyne, 1999

Reid, Lori: *Mond-Magie.* Bindlach: Gondrom, 1998

Rose, Carol: *Spirits, Fairies, Leprechauns, and Goblins – An Encyclopedia.* New York: W.W. Norton & Co., 1996

Sjoestedt, Marie-Louise: *Gods and Heroes of the Celts.* Berkeley: Turtle Island Foundation, 1982

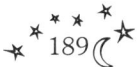

Slater, Herman: *Magickal Formulary Spellbook, Book II.* New York: Magickal Childe, o. J.

Sophia: *The Little Book of Hexes for Women.* Kansas City: Andrews McMeel Publishing, 1997

Walker, Barbara: *Das geheime Wissen der Frauen.* Frankfurt/M.: Zweitausendeins, 1993

Walker, Barbara: *Die geheimen Symbole der Frauen.* München: Hugendubel, 1997

Wilde, Lady: *Irish Cures, Mystic Charms & Superstitions.* New York: Sterling Publishing, 1991

Register